JN404797

공기업 회계학

최종모의고사 20회분

시대에듀

시대에듀 공기업 회계학 최종모의고사 20회분

Always **with you**

사람의 인연은 길에서 우연하게 만나거나 함께 살아가는 것만을 의미하지는 않습니다.
책을 펴내는 출판사와 그 책을 읽는 독자의 만남도 소중한 인연입니다.
시대에듀는 항상 독자의 마음을 헤아리기 위해 노력하고 있습니다. 늘 독자와 함께하겠습니다.

PREFACE

머리말

대부분의 공공기관에서 국가직무능력표준(NCS)뿐 아니라 전공과목의 출제 비중이 높아지고 있는 추세이다. 이에 따라 수험생들은 지원하는 공사나 공단이 어떤 전공과목을 출제하는지 미리 파악해 두어야 한다. 특히 사무직에서 출제 비중이 높은 전공과목인 회계학의 경우 단기간에 점수를 올리기 어렵기 때문에 시간을 충분히 두고 준비해야 한다.

회계학은 학습 범위가 방대하고 난이도가 높기 때문에 문제를 푸는 데 많은 시간이 소요되어 수험생의 입장에서는 준비하기가 쉽지 않다. NCS부터 다른 전공과목들까지 공부해야 하는 상황에서 회계학에 많은 시간을 투자하는 것이 부담스러울 수밖에 없다. 따라서 효율적인 학습을 위해 실제 유형과 유사한 문제를 많이 풀어봄으로써 실전 감각을 높이는 준비가 필요하다.

공기업 필기전형 합격을 위해 시대에듀에서는 NCS 도서 시리즈 누적 판매량 1위의 출간 경험을 토대로 다음과 같은 특징을 가진 도서를 출간하였다.

도서의 특징

❶ 공기업 회계학 출제 키워드 확인!

- 공기업 회계학 적중 문제를 정리하여 공기업별 회계학 출제 키워드를 파악하는 데 도움이 될 수 있도록 하였다.

❷ 최종모의고사를 통한 완벽한 실전 대비!

- 철저한 분석을 통해 실제 유형과 유사한 최종모의고사를 수록하여 효과적으로 학습할 수 있도록 하였다.

❸ 다양한 콘텐츠로 최종 합격까지!

- 온라인 모의고사 응시 쿠폰을 무료로 제공하여 필기전형에 대비할 수 있도록 하였다.
- 모바일 OMR 답안채점/성적분석 서비스를 제공하여 자동으로 점수를 채점하고 확인할 수 있도록 하였다.

끝으로 본 도서를 통해 공기업 채용을 준비하는 모든 수험생 여러분이 합격의 기쁨을 누리기를 진심으로 기원한다.

SDC(Sidae Data Center) 씀

공기업 회계학 적중 문제 TEST CHECK

2025년 적중

한국마사회 ▸ 매출채권회전율

09 H회사의 매출채권회전율은 8회이고, 재고자산회전율은 10회이다. 다음 자료를 이용한 H회사의 매출총이익은?(단, 재고자산회전율은 매출원가를 기준으로 한다)

	기초	기말
매출채권	₩10,000	₩20,000
재고자산	₩8,000	₩12,000

① ₩10,000
② ₩12,000
③ ₩13,000
④ ₩16,000
⑤ ₩20,000

2025년 적중

한국마사회 ▸ 영업권

01 A회사는 B회사를 합병하고 합병대가로 ₩20,000,000의 현금을 지급하였다. 합병 시점의 B회사의 재무상태표상 자산총액은 ₩15,000,000이고, 부채총액은 ₩9,000,000이다. B회사의 재무상태표상 장부가치는 토지를 제외하고는 공정가치와 같다. 토지는 장부상 ₩5,000,000으로 기록되어 있으나, 공정가치는 합병 시점에 ₩10,000,000인 것으로 평가되었다. 이 합병으로 A회사가 영업권으로 계상하여야 할 금액은?

① ₩0
② ₩4,000,000
③ ₩9,000,000
④ ₩14,000,000
⑤ ₩17,000,000

2025년 적중

한국도로공사 ▸ 투자부동산

01 투자부동산의 회계처리에 대한 설명으로 옳지 않은 것은?

① 투자부동산의 후속측정방법으로 공정가치모형을 선택할 경우, 변동된 공정가치모형을 적용하여 감가상각비를 인식한다.
② 회사가 영업활동에 활용하지 않고, 단기적으로 판매하기 위하여 보유하지 않으며, 장기시세차익을 얻을 목적으로 보유하는 토지는 투자부동산으로 분류한다.
③ 투자부동산에 대해서 공정가치모형을 적용할 경우, 공정가치변동은 당기손익으로 인식한다.
④ 투자부동산의 취득원가는 투자부동산의 구입금액과 취득에 직접적으로 관련된 지출을 포함한다.
⑤ 장래 용도를 결정하지 못한 채로 보유하고 있는 토지는 투자부동산으로 분류한다.

한국가스공사 ▶ 공정가치

2025년 적중

10 공정가치 측정에 대한 설명으로 옳지 않은 것은?

① 공정가치란 측정일에 시장참여자 사이의 정상거래에서 자산을 매도할 때 받거나 부채를 이전할 때 지급하게 될 가격이다.
② 공정가치는 시장에 근거한 측정치이며, 기업 특유의 측정치가 아니다.
③ 공정가치를 측정하기 위해 사용하는 가치평가기법은 관측할 수 있는 투입변수를 최소한으로 사용하고, 관측할 수 없는 투입변수를 최대한으로 사용한다.
④ 기업은 시장참여자가 경제적으로 최선의 행동을 한다는 가정하에 시장참여자가 자산이나 부채의 가격을 결정할 때 사용할 가정에 근거하여 자산이나 부채의 공정가치를 측정하여야 한다.
⑤ 비금융자산의 공정가치를 측정할 때는 자신이 그 자산을 최고 최선으로 사용하거나 최고 최선으로 사용할 다른 시장참여자에게 그 자산을 매도함으로써 경제적 효익을 창출할 수 있는 시장참여자의 능력을 고려한다.

한국가스공사 ▶ 주가이익비율(PER)

2025년 적중

12 다음의 자료를 이용하여 산출한 J회사의 20X1년 말 주가이익비율(PER)은?(단, 가중평균유통보통주식수는 월할 계산한다)

- 20X1년도 당기순이익 : ₩88
- 20X1년 1월 1일 유통보통주식수 : 30주
- 20X1년 7월 1일 유상증자 : 보통주 25주(주주우선배정 신주발행으로 1주당 발행가액은 ₩40이며, 이는 유상증자 권리락 직전 주당 종가 ₩5보다 현저히 낮음)
- 20X1년 12월 31일 보통주 시가 : 주당 ₩6

① 1.5
② 2.0
③ 2.5
④ 3.0
⑤ 3.5

한국전력기술 ▶ 기타포괄손익

2025년 적중

07 다음은 F회사의 20X1년도 및 20X2년도 말 부분재무제표이다.

	20X1년	20X2년
자산총계	₩45,000	₩47,000
부채총계	₩15,000	₩14,600
당기순이익	₩4,000	₩1,500

20X2년도 중에 F회사는 ₩2,000을 유상증자하였고, 현금배당 ₩3,000, 주식배당 ₩1,000을 하였다. F회사의 20X2년도 포괄손익계산서상 기타포괄손익은?

① ₩1,600
② ₩1,700
③ ₩1,800
④ ₩1,900
⑤ ₩2,100

도서 200% 활용하기 STRUCTURES

1 최종모의고사 + OMR을 활용한 실전 연습

공기업 회계학

제1회 최종모의고사

모바일 OMR

문항 수 : 20문항
시험시간 : 20분

정답 및 해설 p.160

01 A회사는 판매한 제품에 대해 품질보증을 실시하고 있다. 20X1년도 말 현재 품질보증과 관련하여 미래에 지출될 충당부채의 최선의 추정치는 ₩1,700이고, 수정전시산표의 제품보증충당부채 계정잔액은 ₩1,000이다. 20X1년도 중에 품질보증과 관련되어 ₩100의 지출이 있었다. 20X1년도 재무제표에 보고될 제품보증충당부채와 제품보증비용은?

	제품보증충당부채	제품보증비용
①	₩1,000	₩700
②	₩1,600	₩800
③	₩1,700	₩700
④	₩1,700	₩800
⑤	₩1,800	₩800

02 다음은 20X1년 설립된 B회사의 재고자산(상품

• 당기매입액
• 취득원가로 파악한 장부상 기말재고액

상품	실지재고
A	800개
B	250개
C	400개

B회사의 20X1년 재고자산감모손실은?(단, 재

① ₩0
③ ₩25,000
⑤ ₩52,500

2 공기업 회계학 최종모의고사

공기업 회계학

제20회 최종모의고사

모바일 OMR

문항 수 : 20문항
시험시간 : 20분

정답 및 해설 p.228

01 자산별 회계처리에 대한 설명으로 옳은 것을 모두 고르면?

ㄱ. 무형자산의 상각방법은 자산의 경제적 효익이 소비될 것으로 예상되는 형태를 반영한 방법이어야 한다. 다만, 그 형태를 신뢰성 있게 결정할 수 없는 경우에는 정액법을 사용한다.
ㄴ. 부동산 보유자가 부동산 사용자에게 부수적인 용역을 제공하는 경우가 있다. 전체 계약에서 그러한 용역의 비중이 경미하다면 부동산 보유자는 당해 부동산을 자가사용부동산으로 분류한다.
ㄷ. 정기적인 종합검사과정에서 발생하는 원가가 인식기준을 충족하는 경우에는 유형자산의 일부가 대체되는 것으로 보아 해당 유형자산의 장부가액에 포함하여 인식한다.
ㄹ. 재고자산을 순실현가능가치로 감액한 평가손실과 모든 감모손실은 감액이나 감모가 발생한 기간에 비용으로 인식한다.

① ㄱ ② ㄹ
③ ㄱ, ㄴ ④ ㄴ, ㄹ
⑤ ㄱ, ㄷ, ㄹ

02 B회사의 20X1년도 상품 매입과 관련된 자료이다. 20X1년도 상품 매입원가는?(단, B회사는 부가가치세 과세사업자이며, 부가가치세는 환급대상에 속하는 매입세액이다)

	금액	비고
당기매입	₩110,000	부가가치세 ₩10,000 포함
매입운임	₩10,000	
하역료	₩5,000	
매입할인	₩5,000	
리베이트	₩2,000	
보관료	₩3,000	후속 생산단계에 투입하기 전에 보관이 필요한 경우가 아님
관세납부금	₩500	

① ₩108,500 ② ₩110,300
③ ₩110,500 ④ ₩113,500
⑤ ₩123,500

제20회 최종모의고사 151

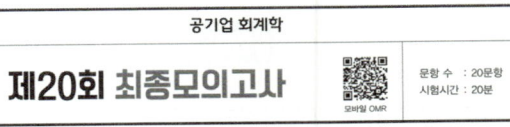

▶ 회계학 최종모의고사 20회분을 수록하여 회계학 과목을 효과적으로 학습할 수 있도록 하였다.
▶ 모바일 OMR 답안채점/성적분석 서비스를 통해 자동으로 점수를 채점하고 확인할 수 있도록 하였다.

2 상세한 해설로 정답과 오답을 완벽하게 이해

공기업 회계학

제1회 최종모의고사 정답 및 해설

01	02	03	04	05	06	07	08	09	10	11	12	13	14	15	16	17	18	19	20
③	③	②	②	④	④	②	①	①	④	②	①	②	③	②	①	①	④	⑤	①

01
- 제품보증충당부채(기말 추정액) : 1,700
- 제품보증비용(충당부채 추가설정액) : 1,700－1,000＝700

02
- 실지기말재고금액 : (800×100)+(250×180)+(400×2
- 재고자산감모손실 : 250,000－225,000＝25,000

03
보험료(비용)이 과대계상되어 당기순이익이 과소계상되었으며,

04
- 20X2년 말 장부가액 : 620,000－{(620,000－20,000)×
- 20X3년 감가상각비 : (380,000－20,000)×$\frac{3}{6}$＝180,00

05
매입채무와 같이 기업의 정상영업주기 내에 사용되는 운전자본
유동부채로 분류한다.

06
10,000,000+900,000+600,000－500,000－300,000＝

160 공기업 회계학 최종모의고사

공기업 회계학

제20회 최종모의고사 정답 및 해설

01	02	03	04	05	06	07	08	09	10	11	12	13	14	15	16	17	18	19	20
⑤	①	①	②	②	②	⑤	②	④	③	⑤	①	②	②	④	④	②	①	⑤	③

01 정답 ⑤
자가사용부동산이 아니라 투자부동산으로 분류한다.

02 정답 ①
110,000－10,000+10,000+5,000(하역료)－5,000(매입할인)－2,000+500＝108,500

03 정답 ①
- 순매입액 : 20,000+2,000－1,000－600－400＝20,000
- 매출원가 : 10,000+20,000－12,000＝18,000
- 순매출액 : 27,000－1,800－1,200－500＝23,500
- 매출총이익 : 23,500－18,000＝5,500
- 영업이익 : 5,500－2,500－1,000＝2,000

04 정답 ②
재무제표의 표시통화를 천 단위나 백만 단위로 표시할 때 이해가능성이 제고될 수 있다.

05 정답 ②
시험과정에서 생산된 재화의 순매각금액과 재배치・재편성 과정에서 발생하는 원가는 모두 당기손익으로 처리한다.

06 정답 ②
거래가격은 고객에게 약속한 재화나 용역을 이전하고 그 대가로 기업이 받을 권리를 갖게 될 것으로 예상하는 금액이며, 제3자를 대신해서 회수한 금액은 제외된다.

228 공기업 회계학 최종모의고사

▸ 정답과 오답에 대한 상세한 해설을 수록하여 혼자서도 학습할 수 있도록 하였다.

이 책의 차례 CONTENTS

www.sdedu.co.kr

문제편

회계학
최종모의고사

공기업 회계학

제1회 최종모의고사

모바일 OMR

문항 수 : 20문항
시험시간 : 20분

정답 및 해설 p.160

01 A회사는 판매한 제품에 대해 품질보증을 실시하고 있다. 20X1년도 말 현재 품질보증과 관련하여 미래에 지출될 충당부채의 최선의 추정치는 ₩1,700이고, 수정전시산표의 제품보증충당부채 계정잔액은 ₩1,000이다. 20X1년도 중에 품질보증과 관련되어 ₩100의 지출이 있었다. 20X1년도 재무제표에 보고될 제품보증충당부채와 제품보증비용은?

	제품보증충당부채	제품보증비용
①	₩1,000	₩700
②	₩1,600	₩800
③	₩1,700	₩700
④	₩1,700	₩800
⑤	₩1,800	₩800

02 다음은 20X1년 설립된 B회사의 재고자산(상품) 관련 자료이다.

• 당기매입액	₩2,000,000
• 취득원가로 파악한 장부상 기말재고액	₩250,000

상품	실지재고	단위당 원가	단위당 순실현가능가치
A	800개	₩100	₩120
B	250개	₩180	₩150
C	400개	₩250	₩200

B회사의 20X1년 재고자산감모손실은?(단, 재고자산평가손실과 재고자산감모손실은 매출원가에 포함한다)

① ₩0
② ₩9,000
③ ₩25,000
④ ₩27,500
⑤ ₩52,500

03 **C회사는 보험료를 1년 단위로 납부한다. 보험료 납부 시에 일괄적으로 보험료로 비용처리한 후, 기말 결산 시에 미경과분에 대하여 선급비용으로 수정분개 처리를 하지 않았다면 당기에 기업에 미치는 영향은?**

① 자산, 순이익, 자본의 과대계상
② 자산, 순이익, 자본의 과소계상
③ 부채의 과대계상, 순이익과 자본의 과소계상
④ 부채의 과소계상, 순이익과 자본의 과대계상
⑤ 당기에 아무런 영향 없음

04 **D회사는 20X1년 1월 1일 기계장치를 취득(취득원가 ₩620,000, 내용연수 5년, 잔존가치 ₩20,000)하고, 이를 정액법으로 감가상각하였다. 20X3년 1월 1일 감가상각 방법을 정액법에서 연수합계법으로 변경하였으나, 내용연수와 잔존가치는 변함이 없다. 20X3년 감가상각비는?**

① ₩176,000
② ₩180,000
③ ₩186,000
④ ₩190,000
⑤ ₩196,000

05 **재무상태표에 대한 설명으로 옳지 않은 것은?**

① 기업의 정상영업주기 내에 실현될 것으로 예상하거나, 정상영업주기 내에 판매하거나 소비할 의도가 있는 자산은 유동자산으로 분류한다.
② 보고기간 후 12개월 이내에 실현될 것으로 예상되는 자산은 유동자산으로 분류한다.
③ 보고기간 후 12개월 이상 부채의 결제를 연기할 수 있는 무조건의 권리를 가지고 있지 않은 부채는 유동부채로 분류한다.
④ 매입채무와 같이 기업의 정상영업주기 내에 사용되는 운전자본의 일부 항목이라도 보고기간 후 12개월 후에 결제일이 도래할 경우 비유동부채로 분류한다.
⑤ 정상영업주기를 명확히 식별할 수 없는 경우에는 그 기간이 12개월인 것으로 가정한다.

06 E회사의 외부감사인은 E회사가 제시한 20X1년도 포괄손익계산서에서 다음과 같은 오류가 있음을 발견하였다.

• 임차료 과대계상액	₩900,000	• 이자수익 과소계상액	₩600,000
• 감가상각비 과소계상액	₩500,000	• 기말상품 과대계상액	₩300,000

오류를 수정한 후의 올바른 당기순이익은?(단, 오류 수정 전 당기순이익은 ₩10,000,000이다)

① ₩9,300,000
② ₩9,500,000
③ ₩9,800,000
④ ₩10,700,000
⑤ ₩12,000,000

07 F회사는 20X1년 2월에 자기주식 200주를 주당 ₩4,000에 취득하였고, 4월에 자기주식 50주를 주당 ₩5,000에 매도하였다. 20X1년 9월에는 보유하고 있던 자기주식 중 50주를 주당 ₩3,500에 매도하였다. 20X1년 말 F회사 주식의 주당 공정가치는 ₩5,000이다. 주어진 거래만 고려할 경우 F회사의 20X1년 자본총액 변동은?(단, 자기주식은 원가법으로 회계처리하며, 20X1년 초 자기주식과 자기주식처분손익은 없다고 가정한다)

① ₩325,000 감소
② ₩375,000 감소
③ ₩375,000 증가
④ ₩425,000 감소
⑤ ₩425,000 증가

08 G회사는 12월 결산법인이다. G회사는 20X1년 4월 1일 H회사의 주식 20주를 주당 ₩5,000에 취득하였다. 20X1년 12월 31일 H회사의 주식 1주당 공정가액은 ₩6,000이다. 20X2년 1월 1일 G회사는 보유 중인 H회사 주식의 절반인 10주를 1주당 ₩7,000에 처분하였다. 20X2년 H회사 주식의 처분에 따른 금융자산처분손익에 대하여 G회사가 H회사 주식을 당기손익－공정가치측정금융자산으로 분류한 경우와 기타포괄손익－공정가치측정금융자산으로 분류한 경우, 각각의 처분이익으로 옳은 것은?

	당기손익	기타포괄손익
①	₩10,000	₩0
②	₩10,000	₩20,000
③	₩20,000	₩0
④	₩20,000	₩10,000
⑤	₩20,000	₩20,000

09 다음은 상품매매 기업인 H회사의 재무비율을 산정하기 위한 자료이다.

• 매출	₩4,500,000	• 매출원가	₩4,000,000
• 기초매출채권	₩150,000	• 기말매출채권	₩450,000
• 기초재고자산	₩240,000	• 기말재고자산	₩160,000

H회사는 매출이 전액 외상으로 이루어지며, 재고자산회전율 계산 시 매출원가를 사용할 경우, 매출채권회전율과 재고자산평균처리기간은?(단, 1년은 360일, 회전율 계산 시 기초와 기말의 평균값을 이용한다)

	매출채권회전율	재고자산평균처리기간
①	15회	18일
②	15회	36일
③	30회	18일
④	30회	36일
⑤	35회	36일

10 재무제표에 대한 설명으로 옳지 않은 것은?

① 보고기업은 단일의 실체이거나 어떤 실체의 일부일 수 있으며, 둘 이상의 실체로 구성될 수도 있으므로 보고기업이 반드시 법적 실체일 필요는 없다.

② 보고기업이 지배기업 단독인 경우 그 보고기업의 재무제표를 '비연결재무제표'라고 부른다.

③ 보고기업이 지배－종속관계로 모두 연결되어 있지는 않은 둘 이상 실체들로 구성된다면, 그 보고기업의 재무제표를 '결합재무제표'라고 부른다.

④ 연결재무제표는 특정 종속기업의 자산, 부채, 자본, 수익 및 비용에 대한 별도의 정보를 제공하기 위해 만들어졌다.

⑤ 목적적합한 재무정보는 이용자들의 의사결정에 차이가 나도록 할 수 있다.

11 I회사는 20X1년 1월 1일에 다음과 같은 조건으로 3년 만기 사채를 발행하였다.

- 발행일 : 20X1년 1월 1일
- 액면가액 : ₩100,000
- 이자 지급 : 매년 12월 31일에 액면가액의 연 8% 이자 지급
- 발행가액 : ₩105,344

발행일 현재 유효이자율은 6%이며, 유효이자율법에 따라 이자를 인식하고 이자는 매년 12월 31일에 지급한다. 연도별 상각액은 20X1년도 ₩1,679, 20X2년도 ₩1,780, 20X3년도 ₩1,885이며, 상각액 합계액은 ₩5,344이다. 이 사채 발행 시부터 만기까지 인식할 총이자비용은?(단, 사채발행비는 발생하지 않았다)

① ₩5,344
② ₩18,656
③ ₩24,000
④ ₩42,656
⑤ ₩51,344

12 20X1년 1월 1일에 J회사의 보통주 1,000주(주당 액면가액 ₩5,000)가 유통되고 있었으며, 10월 1일에 보통주 800주가 추가로 발행되었다. 다음 자료에 따른 J회사의 기본주당순이익은?(단, 유통보통주식수의 가중평균은 월수로 계산하며, 다른 자본의 변동은 없는 것으로 가정한다)

- 우선주(주당 액면가액 ₩5,000) 유통주식수 : 100주
- 우선주배당률 : 연 10%
- 20X1년 당기순이익 : ₩650,000

① ₩500
② ₩550
③ ₩600
④ ₩650
⑤ ₩700

13 K회사의 20X1년 법인세비용차감전순이익은 ₩1,000,000이다. 다음 자료를 이용하여 간접법으로 구한 영업활동현금흐름은?

• 감가상각비	₩50,000	• 유상증자	₩2,000,000
• 유형자산처분손실	₩20,000	• 건물의 취득	₩1,500,000
• 사채의 상환	₩800,000	• 매출채권의 증가	₩150,000
• 매입채무의 감소	₩100,000	• 재고자산의 증가	₩200,000

① ₩320,000
② ₩620,000
③ ₩1,070,000
④ ₩1,380,000
⑤ ₩1,530,000

14 L회사는 20X2년 10월 1일 거래처의 파산으로 매출채권 ₩2,000을 회수할 수 없게 되었으며, 대손에 대한 회계처리는 충당금설정법을 적용하고 있다. 20X1년과 20X2년의 매출채권 관련 자료가 다음과 같을 때, 20X2년 12월 31일 대손충당금 설정에 대한 분개로 옳은 것은?(단, 20X1년 초 대손충당금 잔액은 없으며, 미래현금흐름 추정액의 명목금액과 현재가치의 차이는 중요하지 않다)

	20X1년 말	20X2년 말
매출채권	₩100,000	₩120,000
추정 미래현금흐름	₩96,000	₩118,900

① (차) 대손상각비 ₩900 (대) 대손충당금 ₩900
② (차) 대손상각비 ₩1,100 (대) 대손충당금 ₩1,100
③ (차) 대손충당금 ₩900 (대) 대손충당금환입 ₩900
④ (차) 대손충당금 ₩1,100 (대) 대손충당금환입 ₩1,100
⑤ (차) 대손충당금 ₩2,000 (대) 대손충당금환입 ₩2,000

15 M회사는 20X1년 1월 1일에 생산용 기계 1대를 ₩100,000에 구입하였다. 이 기계의 내용연수는 4년, 잔존가액은 ₩20,000으로 추정되었으며, 정액법에 의해 감가상각하고 있었다. M회사는 20X3년도 초에 동 기계의 성능을 현저히 개선하여 사용할 수 있게 하는 대규모의 수선을 시행하여 ₩16,000을 지출하였다. 동 수선으로 내용연수는 2년이 연장되었으나 잔존가치는 변동이 없을 것으로 추정된다. 이 기계와 관련하여 20X3년도에 인식될 감가상각비는?

① ₩12,000 ② ₩14,000
③ ₩20,000 ④ ₩24,000
⑤ ₩28,000

16 다음 자료를 이용하여 계산한 매출원가는?

• 기초재공품	₩60,000	• 기초제품	₩45,000
• 기말재공품	₩30,000	• 기말제품	₩60,000
• 직접재료원가	₩45,000	• 직접노무원가	₩35,000
• 제조간접원가	₩26,000		

① ₩121,000 ② ₩126,000
③ ₩131,000 ④ ₩136,000
⑤ ₩141,000

17 N회사는 20X1년 결산완료 직전 재고자산 실사로 다음 사항을 발견하였다.

- 외부 회사로부터 판매 위탁을 받아 보관하고 있는 상품 ₩16,000을 기말재고자산에 포함시켰다.
- FOB 도착지 기준으로 12월 27일에 ₩25,000의 상품구매계약을 체결하였으나, 그 상품이 기말까지 도착하지 않아 기말재고자산에 포함하지 않았다.
- 외부 창고에 보관하고 있는 N회사의 상품 ₩22,000을 기말재고자산에 포함하지 않았다.
- 기말재고자산의 매입운임 ₩10,000을 영업비용으로 처리하였다.
- 중복 실사로 인해 상품 ₩8,000이 기말재고자산에 두 번 포함되었다.

위의 사항이 N회사의 20X1년 매출총이익에 미치는 영향은?(단, 재고자산은 실지재고조사법을 적용한다)

① 매출총이익 ₩8,000 증가
② 매출총이익 ₩33,000 증가
③ 매출총이익 ₩18,000 감소
④ 매출총이익 ₩24,000 감소
⑤ 매출총이익 ₩31,000 감소

18 R회사는 균등이익률법을 적용하여 결합원가계산을 하고 있다. 당기에 결합제품 A와 B를 생산하였고, 균등매출총이익률은 30%이다. 관련 자료가 다음과 같을 때, 결합제품 A에 배부되는 결합원가는?(단, 재공품 재고는 없다)

제품	생산량	판매가격(단위당)	추가가공원가(총액)
A	300단위	₩30	₩2,100
B	320단위	₩25	₩3,200

① ₩2,400
② ₩3,200
③ ₩3,800
④ ₩4,200
⑤ ₩5,100

19 다음은 단일제품을 생산 · 판매하는 S회사의 20X1년 요약 공헌이익 손익계산서이다.

	금액	단위당 금액
매출액	₩80,000	₩250
변동원가	₩48,000	₩150
공헌이익	₩32,000	₩100
고정원가	₩15,000	
영업이익	₩17,000	

S회사는 20X2년에 고정원가를 ₩5,000 증가시키고 단위당 변동원가를 ₩20 감소시켜 ₩22,000의 영업이익을 달성하고자 한다. 20X2년의 판매단가가 20X1년과 동일하다면 20X2년의 판매량은 20X1년보다 몇 단위가 증가하여야 하는가?(단, 매년 생산량과 판매량은 동일하다)

① 10단위
② 15단위
③ 20단위
④ 25단위
⑤ 30단위

20 T회사는 선입선출법을 이용하여 종합원가계산을 실시한다. 다음 자료를 이용하여 재료원가와 가공원가의 완성품환산량을 구하면 얼마인가?(단, 재료는 공정 개시시점에서 전량 투입되고 가공원가는 공정 전체를 통해 균등하게 발생한다)

- 기초재공품 수량 300개(완성도 30%)
- 당기착수량 3,500개
- 당기완성품 수량 3,300개
- 기말재공품 수량 500개(완성도 40%)

	재료원가 완성품환산량	가공원가 완성품환산량
①	3,500개	3,410개
②	3,510개	3,300개
③	3,600개	3,200개
④	3,800개	3,010개
⑤	3,800개	3,200개

공기업 회계학

제2회 최종모의고사

모바일 OMR

문항 수 : 20문항
시험시간 : 20분

정답 및 해설 p.164

01 **투자부동산의 회계처리에 대한 설명으로 옳지 않은 것은?**

① 투자부동산의 후속측정 방법으로 공정가치모형을 선택할 경우, 변동된 공정가치모형을 적용하여 감가상각비를 인식한다.
② 회사가 영업활동에 활용하지 않고, 단기적으로 판매하기 위하여 보유하지 않으며, 장기시세차익을 얻을 목적으로 보유하는 토지는 투자부동산으로 분류한다.
③ 투자부동산에 대해서 공정가치모형을 적용할 경우, 공정가치변동은 당기손익으로 인식한다.
④ 투자부동산의 취득원가는 투자부동산의 구입금액과 취득에 직접적으로 관련된 지출을 포함한다.
⑤ 장래 용도를 결정하지 못한 채로 보유하고 있는 토지는 투자부동산으로 분류한다.

02 **재고자산의 회계처리에 대한 설명으로 옳지 않은 것은?**

① 생산에 투입하기 위해 보유하는 원재료 및 기타 소모품은 제품의 원가가 순실현가능가치를 초과할 것으로 예상되더라도 감액하지 아니한다.
② 생물자산에서 수확한 농림어업 수확물로 구성된 재고자산은 공정가치에서 처분부대원가를 뺀 금액으로 수확시점에 최초 인식한다.
③ 재고자산을 현재의 장소에 현재의 상태로 이르게 하는 데 기여하지 않은 관리간접원가는 재고자산의 취득원가에 포함할 수 없다.
④ 매입할인이나 매입금액에 대해 수령한 리베이트는 매입원가에서 차감한다.
⑤ 개별법이 적용되지 않는 재고자산의 단위원가는 선입선출법이나 가중평균법을 사용하여 결정한다.

03 C회사의 재무상태표상 계정별 20X1년 말 잔액은 다음과 같다. 그리고 20X1년 말 부채총계는 20X1년 초 부채총계보다 ₩300,000만큼 더 크고, 20X1년 말 자본총계는 20X1년 초 자본총계보다 ₩150,000만큼 더 작다. 이를 토대로 C회사의 20X1년 초 자산총계를 구하면 얼마인가?

상품	₩700,000	선수수익	₩250,000
차입금	₩1,100,000	미수금	₩200,000
현금	₩900,000	매출채권	₩500,000
선수금	₩450,000	대여금	₩600,000

① ₩2,750,000
② ₩2,900,000
③ ₩3,150,000
④ ₩3,325,000
⑤ ₩3,515,000

04 D회사는 20X1년 초 기계장치(내용연수 3년, 잔존가치 ₩0, 정액법 상각)를 구입과 동시에 무이자부 약속어음(액면가액 ₩300,000, 3년 만기, 매년 말 ₩100,000 균등상환)을 발행하여 지급하였다. 이 거래 당시 D회사가 발행한 어음의 유효이자율은 연 12%이다. 기계장치에 대해 원가모형을 적용하고, 당해 차입원가는 자본화 대상에 해당하지 않는다. 20X1년 D회사가 인식할 비용은?(단, 12%, 3기간의 연금현가계수는 2.40183이고, 계산금액은 소수점 첫째 자리에서 반올림하며, 단수차이로 인한 오차가 있으면 가장 근사치를 선택한다)

① ₩59,817
② ₩80,061
③ ₩88,639
④ ₩108,883
⑤ ₩128,822

05 재무제표의 표시에 대한 설명으로 옳지 않은 것은?

① 재무제표가 한국채택국제회계기준의 요구사항을 모두 충족한 경우가 아니라면 한국채택국제회계기준을 준수하여 작성되었다고 기재하여서는 안 된다.
② 기업이 재무상태표에 유동자산과 비유동자산으로 구분하여 표시하는 경우, 이연법인세자산은 유동자산으로 분류하지 아니한다.
③ 비용을 기능별로 분류하는 기업은 감가상각비, 기타 상각비와 종업원급여비용을 포함하여 비용의 성격에 대한 추가 정보를 공시한다.
④ 수익과 비용의 어느 항목은 포괄손익계산서 또는 주석에 특별손익항목으로 별도 표시한다.
⑤ 매출채권에 대한 대손충당금을 차감하여 관련 자산을 순액으로 측정하는 것은 상계표시에 해당하지 아니한다.

06 **고객과의 계약에서 생기는 수익에 대한 설명으로 옳지 않은 것은?**

① 수익을 인식하기 위해서는 '고객과의 계약 식별', '수행의무 식별', '거래가격 산정', '거래가격을 계약 내 수행의무에 배분', '수행의무를 이행할 때 수익 인식'의 단계를 적용한다.

② 거래가격 산정 시 제3자를 대신해서 회수한 금액은 제외하며, 변동대가, 비현금 대가, 고객에게 지급할 대가 등이 미치는 영향을 고려한다.

③ 고객에게 이전할 재화나 용역에 대하여 받을 권리를 갖게 될 대가의 회수 가능성이 높지 않더라도 계약에 상업적 실질이 존재하고 이전할 재화나 용역의 지급조건을 식별할 수 있으면 고객과의 계약으로 회계처리한다.

④ 고객에게 약속한 자산을 이전하여 수행의무를 이행할 때 수익을 인식하며, 자산은 고객이 그 자산을 통제할 때 이전된다.

⑤ 비현금 대가의 공정가치를 합리적으로 추정할 수 없는 경우에는 그 대가와 교환하여 고객에게 약속한 재화나 용역의 개별 판매가격을 참조하여 간접적으로 그 대가를 측정한다.

07 **다음은 F회사의 20X1년도 및 20X2년도 말 부분재무제표이다.**

	20X1년	20X2년
자산총계	₩45,000	₩47,000
부채총계	₩15,000	₩14,600
당기순이익	₩4,000	₩1,500

20X2년도 중에 F회사는 ₩2,000을 유상증자하였고, 현금배당 ₩3,000, 주식배당 ₩1,000을 하였다. F회사의 20X2년도 포괄손익계산서상 기타포괄손익은?

① ₩1,600
② ₩1,700
③ ₩1,800
④ ₩1,900
⑤ ₩2,100

08 **12월 결산법인인 G회사는 20X1년 1월 1일 단기투자 목적으로 A사의 주식 500주를 주당 ₩1,000에 취득하였고, 매입수수료 ₩10,000을 지출하였다. 20X1년 12월 31일 A사의 주식을 보유 중이며, A사의 1주당 공정가치는 ₩2,000이다. 20X2년 1월 3일 A사의 주식 전량을 ₩880,000에 처분하고 현금으로 수취하였다. 20X2년 당기손익인식금융자산의 처분손실은?**

① ₩80,000
② ₩90,000
③ ₩100,000
④ ₩110,000
⑤ ₩120,000

09 **H회사의 현재 유동비율과 당좌비율은 각각 200%, 150%이다. 다음의 거래들을 통해 유동비율과 당좌비율은 어떻게 변화하는가?(단, 모든 거래는 독립적이다)**

> • A : 영업용 차량운반구를 취득하면서 현금 ₩13,000을 지급하였다.
> • B : 사용 중인 건물을 담보로 은행에서 현금 ₩30,000을 장기 차입하였다.

	A		B	
	유동비율	당좌비율	유동비율	당좌비율
①	증가	증가	감소	감소
②	증가	감소	증가	감소
③	감소	증가	감소	증가
④	감소	불변	불변	감소
⑤	감소	감소	증가	증가

10 **유용한 재무정보의 질적 특성에 대한 설명으로 옳지 않은 것은?**

① 재무보고서는 경제적 현상을 글과 숫자로 나타내는 것이다.
② 재무정보가 과거 평가에 대해 피드백을 제공한다면(과거 평가를 확인하거나 변경시킨다면) 확인가치를 갖는다.
③ 중립적 정보는 목적이 없거나 행동에 대한 영향력이 없는 정보를 의미한다.
④ 회계기준위원회는 중요성에 대한 획일적인 계량 임계치를 정하거나 특정한 상황에서 무엇이 중요한 것인지를 미리 결정할 수 없다.
⑤ 합리적인 추정치의 사용은 재무정보의 작성에 필수적인 부분이며, 추정이 명확하고 정확하게 기술되고 설명되는 한 정보의 유용성을 저해하지 않는다.

11 **I회사는 5년 만기 사채를 유효이자율법을 적용하여 할인발행하였다. 사채의 발행시점부터 만기시점까지의 장부가액과 이자비용에 대한 설명으로 옳은 것은?**

① 장부가액은 감소하고, 이자비용은 증가한다.
② 장부가액은 증가하고, 이자비용은 감소한다.
③ 장부가액과 이자비용은 증가한다.
④ 장부가액과 이자비용은 감소한다.
⑤ 장부가액과 이자비용은 일정하다.

12 J회사는 20X1년 초에 A사 유통보통주식 1,000주 가운데 30%에 해당하는 주식을 주당 ₩2,000에 취득함으로써 A사에 유의적인 영향력을 행사하게 되었다. A사는 20X1년 9월 말에 1주당 ₩50의 현금배당을 선언하고 지급하였으며, 20X1년 말에 당기순손실 ₩200,000을 보고하였다. J회사가 20X1년 말 재무상태표에 표시할 관계기업투자주식은 얼마인가?

① ₩525,000
② ₩540,000
③ ₩585,000
④ ₩600,000
⑤ ₩615,000

13 20X1년 자본과 관련한 다음 자료를 이용할 때, 20X1년 말 재무상태표에 표시될 이익잉여금은?

- 20X1년 기초 이익잉여금 : ₩200
- 2월 25일 : 주주총회에서 현금 ₩100 배당 결의와 함께 이익준비금 ₩10과 배당평균적립금 ₩20 적립 결의
- 6월 30일 : 전기 이전부터 보유하던 장부가액 ₩30의 자기주식을 ₩32에 매각
- 20X1년 당기순이익 : ₩250

① ₩320
② ₩350
③ ₩352
④ ₩450
⑤ ₩485

14 L회사는 20X1년 6월 말 주거래 A은행 측 당좌예금 잔액 ₩13,000이 당사의 당좌예금 장부 잔액과 일치하지 않는 것을 확인하였다. 다음과 같은 차이를 조정한 후 L회사와 A은행의 당좌예금 잔액은 ₩12,000으로 일치하였다. L회사의 수정 전 당좌예금 잔액은?

- A은행이 L회사의 당좌예금에서 ₩3,000을 잘못 출금하였다.
- A은행이 L회사의 받을어음을 추심하고 ₩3,000을 당좌예금에 입금하였으나, L회사는 이를 모르고 있었다.
- L회사가 기발행한 ₩4,000의 수표가 A은행에 아직 제시되지 않았다.
- L회사가 ₩3,000의 수표를 발행하면서 장부에는 ₩8,000으로 잘못 기장하였다.
- L회사가 20X1년 6월 12일에 입금한 ₩1,000의 수표가 부도로 판명되었으나, L회사는 이를 모르고 있었다.

① ₩5,000
② ₩7,000
③ ₩8,000
④ ₩9,000
⑤ ₩10,000

15 M회사는 사용 중인 기계장치 A(장부가액 ₩300,000, 공정가치 ₩150,000)를 N회사의 사용 중인 기계장치 B(장부가액 ₩350,000, 공정가치 ₩250,000)와 교환하였으며, 공정가치 차액에 대하여 현금 ₩100,000을 지급하였다. 해당 교환거래가 상업적 실질이 존재하는 경우, M회사와 N회사가 각각 인식할 유형자산처분손실은?

	M회사	N회사
①	₩100,000	₩100,000
②	₩100,000	₩150,000
③	₩150,000	₩100,000
④	₩150,000	₩150,000
⑤	₩200,000	₩100,000

16 다음은 N회사의 20X1년 거래 자료이다. 20X1년 말 재무상태표상 매입채무 잔액은?(단, 매입거래는 모두 외상거래이다)

• 기초매입채무	₩8,000	• 당기 중 매입채무 현금지급액	₩35,000
• 기초상품재고	₩12,000	• 기말상품재고	₩11,000
• 당기매출액	₩50,000	• 매출총이익	₩10,000

① ₩12,000
② ₩13,000
③ ₩14,000
④ ₩15,000
⑤ ₩16,000

17 다음 중 자동차 생산기업의 제조간접원가에 포함되는 항목은?

① 특정 자동차 생산라인에서 일하는 생산직의 급여
② 타이어 생산업체에서 구입한 타이어
③ 판매관리직의 급여
④ 생산을 지원하는 구매부와 자재관리부 직원의 급여
⑤ 마케팅 지원센터의 전기요금

18 R회사는 보조부문인 동력부와 제조부문인 절단부, 조립부가 있다. 동력부는 절단부와 조립부에 전력을 공급하고 있으며, 각 제조부문의 월간 전력 최대사용가능량과 3월의 전력 실제 사용량은 다음과 같다.

	절단부	조립부	합계
최대사용가능량	500kW	500kW	1,000kW
실제 사용량	300kW	200kW	500kW

한편, 3월 중 각 부문에서 발생한 제조간접원가는 다음과 같다.

	동력부	절단부	조립부	합계
변동원가	₩50,000	₩80,000	₩70,000	₩200,000
고정원가	₩100,000	₩150,000	₩50,000	₩300,000
합계	₩150,000	₩230,000	₩120,000	₩500,000

이중배부율법을 적용할 경우 절단부와 조립부에 배부될 동력부의 원가는?

	절단부	조립부
①	₩75,000	₩75,000
②	₩80,000	₩70,000
③	₩90,000	₩60,000
④	₩100,000	₩50,000
⑤	₩100,000	₩75,000

19 S회사의 20X1년도 손익분기점 매출액은 ₩100,000이고, 단위당 공헌이익률은 20%, 순이익은 ₩30,000이다. S회사의 20X1년도 총고정원가는?

① ₩4,000
② ₩6,000
③ ₩20,000
④ ₩150,000
⑤ ₩250,000

20 T회사는 선입선출법에 의한 종합원가계산제도를 채택하고 있다. 직접재료원가는 공정 초에 전량 투입되고, 전환원가(또는 가공원가)는 공정 전반에 걸쳐 균등하게 발생한다. 품질검사는 전환원가 완성도 60% 시점에서 이루어진다. 원가계산 결과 정상공손원가가 ₩32,000이었다면 완성품에 배분될 정상공손원가는?

계정	수량(단위)	전환원가 완성도
기초재공품	100	70%
당기투입량	1,000	
당기완성량	820	
정상공손	60	
비정상공손	40	
기말재공품	180	80%

① ₩24,800
② ₩25,600
③ ₩26,760
④ ₩27,200
⑤ ₩27,560

공기업 회계학

제3회 최종모의고사

모바일 OMR

문항 수 : 20문항
시험시간 : 20분

정답 및 해설 p.168

01 A회사는 B회사를 합병하고 합병대가로 ₩20,000,000의 현금을 지급하였다. 합병 시점 B회사의 재무상태표상 자산총액은 ₩15,000,000이고, 부채총액은 ₩9,000,000이다. B회사의 재무상태표상 장부가치는 토지를 제외하고는 공정가치와 같다. 토지는 장부상 ₩5,000,000으로 기록되어 있으나, 공정가치는 합병 시점에 ₩10,000,000인 것으로 평가되었다. 이 합병으로 A회사가 영업권으로 계상하여야 할 금액은?

① ₩0
② ₩4,000,000
③ ₩9,000,000
④ ₩14,000,000
⑤ ₩17,000,000

02 B회사는 재고자산 평가 방법으로 저가기준 선입선출 소매재고법을 사용하고 있다. 재고자산과 관련된 자료가 다음과 같을 때, 기말재고자산원가와 매출원가는?

	원가	판매가
기초재고액	₩7,000	₩10,000
당기매입액	₩20,000	₩40,000
순인상액		₩200
순인하액		₩300
당기매출액		₩30,000
정상파손		₩100
비정상파손	₩100	₩400

	기말재고자산원가	매출원가
①	₩8,560	₩18,440
②	₩9,500	₩16,800
③	₩9,500	₩16,900
④	₩9,700	₩17,200
⑤	₩9,700	₩17,300

03 제조업을 영위하는 C회사의 20X1년 말 재무상태표의 매출채권에 대한 손실충당금(대손충당금) 기초잔액은 ₩200,000이며, 이익잉여금 기초잔액은 ₩30,000이었다. 20X1년 중 발생한 다음 사항을 반영하기 전의 당기순이익은 ₩150,000이다.

- 당기 중 거래처에 대한 매출채권 ₩70,000이 회수 불능으로 확정되었다.
- 20X1년 말 매출채권 총액에 대한 기대신용손실액은 ₩250,000이다.
- 7월 1일 임대 목적으로 ₩200,000의 건물을 취득하였다. 내용연수는 20년이고, 잔존가치는 없다. C회사는 투자부동산에 대해서 공정가치모형을 적용한다. 결산일인 20X1년 말 건물의 공정가치는 ₩250,000이다.

C회사의 20X1년 당기순이익과 20X1년 말 이익잉여금은?

	당기순이익	이익잉여금
①	₩80,000	₩70,000
②	₩80,000	₩110,000
③	₩90,000	₩70,000
④	₩90,000	₩110,000
⑤	₩100,000	₩110,000

04 D회사는 20X1년 초 공장건물을 신축하기 시작하여 20X1년 말에 완공하였다. 다음은 공장건물의 신축을 위한 D회사의 지출액과 특정차입금 및 일반차입금에 대한 자료이다.

	연평균금액	이자비용
공장건물에 대한 지출액	₩320,000	
특정차입금	₩160,000	₩18,400
일반차입금	₩100,000	₩12,000

20X1년 공장건물과 관련하여 자본화할 차입원가는?(단, 이자비용은 20X1년 중에 발생한 금액이며, 공장건물은 차입원가를 자본화하는 적격자산에 해당된다)

① ₩12,000
② ₩18,400
③ ₩30,400
④ ₩31,200
⑤ ₩37,600

05 **중간재무보고에 대한 설명으로 옳지 않은 것은?**

① 중간재무보고는 3개월, 6개월 등으로 보고기간을 설정할 수 있다.

② 직전 연차재무보고서를 연결기준으로 작성하였다면 중간재무보고서도 연결기준으로 작성해야 한다.

③ 중간재무보고서는 당해 회계연도 누적기간을 직전 연차보고기간 말과 비교하는 형식으로 작성한 재무상태표를 포함하여야 한다.

④ 중간재무보고서는 당해 회계연도 누적기간을 직전 회계연도의 동일기간과 비교하는 형식으로 작성한 현금흐름표를 포함하여야 한다.

⑤ 연차재무보고서 및 중간재무보고서가 한국채택국제회계기준에 따라 작성되었는지는 개별적으로 평가한다.

06 **다음은 E회사가 20X1년 수주하여 20X3년 완공한 건설공사에 대한 자료이다.**

	20X1	20X2	20X3
당기발생계약원가	₩20억	₩40억	₩60억
총계약원가 추정액	₩80억	₩100억	₩120억
계약대금 청구	₩30억	₩40억	₩50억
계약대금 회수	₩20억	₩30억	₩70억

이 건설계약의 최초 계약금액은 ₩100억이었으나, 20X2년 중 설계변경과 건설원가 상승으로 인해 계약금액이 ₩120억으로 변경되었다. E회사가 20X2년에 인식할 계약손익은?(단, 진행률은 누적발생계약원가를 총계약원가 추정액으로 나누어 계산한다)

① ₩3억 손실

② ₩5억 손실

③ ₩3억 이익

④ ₩5억 이익

⑤ ₩7억 이익

07 20X1년 초 설립한 F회사의 자본거래는 다음과 같다. F회사의 20X1년 말 자본총액은?

> • 20X1년 1월 : 보통주 1,000주(주당 액면가액 ₩5,000)를 액면발행하였다.
> • 20X1년 3월 : 자기주식 200주를 주당 ₩6,000에 매입하였다.
> • 20X1년 4월 : 자기주식 200주를 주당 ₩7,000에 매입하였다.
> • 20X1년 5월 : 3월에 구입한 자기주식 100주를 주당 ₩8,000에 처분하였다.
> • 20X1년 9월 : 3월에 구입한 자기주식 100주를 주당 ₩9,000에 처분하였다.

① ₩3,600,000
② ₩4,100,000
③ ₩5,000,000
④ ₩5,500,000
⑤ ₩6,000,000

08 G회사는 20X1년 1월 1일 H회사가 발행한 사채를 ₩952,000에 취득하여 기타포괄손익－공정가치측정금융자산으로 분류하였다. H회사가 발행한 사채는 액면가액 ₩1,000,000, 만기 3년, 액면이자율 연 10%이며, 이자는 매년 12월 31일에 지급한다. 20X1년 12월 31일 사채의 공정가치는 ₩960,000이었다. G회사는 사채의 가치가 더 하락할 것을 우려하여 20X2년 1월 1일 해당 사채를 ₩920,000에 처분하였다. 위의 거래가 G회사의 20X1년도 당기순이익에 미치는 영향과 20X2년 1월 1일에 인식할 처분손익으로 옳은 것은?(단, 발행 당시 해당 사채의 유효이자율은 12%이며, 법인세 효과는 고려하지 않는다)

	당기순이익	처분손실
①	₩95,000 증가	₩40,000
②	₩108,000 증가	₩40,000
③	₩108,000 증가	₩46,240
④	₩114,240 증가	₩40,000
⑤	₩114,240 증가	₩46,240

09 H회사와 G회사에 대한 재무자료이다. H회사의 이자보상비율과 G회사의 총자산영업이익률은?

	H회사	G회사
매출액	₩640,000	₩600,000
영업이익	₩300,000	₩450,000
이자비용	₩40,000	₩100,000
당기순이익	₩250,000	₩300,000
평균자산	₩2,500,000	₩3,000,000
평균자본	₩1,600,000	₩1,000,000
우선주 배당금	₩50,000	−

	이자보상비율	총자산영업이익률
①	4.5	10%
②	5.0	12%
③	5.5	13%
④	6.5	14%
⑤	7.5	15%

10 공정가치 측정에 대한 설명으로 옳지 않은 것은?

① 공정가치란 측정일에 시장참여자 사이의 정상거래에서 자산을 매도할 때 받거나 부채를 이전할 때 지급하게 될 가격이다.

② 공정가치는 시장에 근거한 측정치이며, 기업 특유의 측정치가 아니다.

③ 공정가치를 측정하기 위해 사용하는 가치평가 기법은 관측할 수 있는 투입변수를 최소한으로 사용하고, 관측할 수 없는 투입변수를 최대한으로 사용한다.

④ 기업은 시장참여자가 경제적으로 최선의 행동을 한다는 가정하에 시장참여자가 자산이나 부채의 가격을 결정할 때 사용할 가정에 근거하여 자산이나 부채의 공정가치를 측정하여야 한다.

⑤ 비금융자산의 공정가치를 측정할 때는 자신이 그 자산을 최고·최선으로 사용하거나 최고·최선으로 사용할 다른 시장참여자에게 그 자산을 매도함으로써 경제적 효익을 창출할 수 있는 시장참여자의 능력을 고려한다.

11 I회사는 20X1년 1월 1일에 액면가액 ₩1,000,000(액면이자율 연 8%, 유효이자율 연 10%, 이자지급일 매년 12월 31일, 만기 3년)의 사채를 ₩950,258에 발행하였다. I회사는 이 사채를 발행과 동시에 전액 매입하여 상각후원가측정금융자산으로 분류하였다. 20X2년 1월 1일에 현금 ₩970,000에 동 사채 전부를 처분하였다면 처분손익은?(단, 거래비용은 없고 유효이자율법을 적용하며, 소수점 발생 시 소수점 첫째 자리에서 반올림한다)

① ₩1,344
② ₩2,563
③ ₩3,182
④ ₩3,987
⑤ ₩4,716

12 J회사의 주식은 주당 ₩1,000에 시장에서 거래되고 있다. 다음 자료를 이용하여 계산한 J회사의 가중평균유통보통주식수는?(단, 우선주는 없다)

• 당기순이익	₩60,000	• 주가수익률(PER)	5(500%)
• 부채총계	₩3,000,000	• 자본금	₩200,000
• 자본총계	₩1,000,000		

① 200주
② 300주
③ 400주
④ 500주
⑤ 600주

13 K회사의 20X1년 초 자본은 ₩600,000이다. 20X1년의 다음 자료에 따른 20X1년 말의 자본은 얼마인가?(단, 법인세 효과는 고려하지 않는다)

- 20X1년 당기순이익은 ₩20,000이다.
- 액면가액 ₩500인 주식 40주를 주당 ₩1,000에 발행하였는데, 신주발행비로 ₩2,000을 지출하였다.
- 자기주식 3주를 주당 ₩3,000에 취득하였고, 그 이후 1주를 주당 ₩1,000에 처분하였다.
- 이익처분으로 현금배당 ₩3,000, 주식배당 ₩2,000을 실시하였으며, ₩2,000을 이익준비금(법정적립금)으로 적립하였다.

① ₩645,000
② ₩647,000
③ ₩649,000
④ ₩655,000
⑤ ₩663,000

14 L회사는 20X1년 4월 1일에 고객에게 상품판매 대가로 이자부약속어음(만기 5개월, 이자율 연 5%, 액면가액 ₩72,000)을 수령하였다. 이 어음을 2개월간 보유한 후 자금사정으로 ₩72,030을 받고 할인하였다. 이 어음의 할인율과 어음처분손실은?(단, 이자는 월할 계산하며, 어음할인은 제거요건을 충족한다)

	할인율	어음처분손실
①	8%	₩570
②	8%	₩1,470
③	12%	₩570
④	12%	₩1,470
⑤	16%	₩570

15 M회사는 20X1년 7월 1일부터 공장건물 신축공사를 시작하여 20X2년 4월 30일에 완공하였다. M회사가 공장건물의 차입원가를 자본화하는 경우 20X1년도 포괄손익계산서상 당기손익으로 인식할 이자비용은? (단, 이자비용은 월할 계산한다)

〈공사대금 지출〉

20X1.7.1.	20X1.10.1.
₩50,000	₩40,000

〈차입금 현황〉

구분	금액	차입일	상환(예정)일	연이자율
특정차입금	₩50,000	20X1.7.1.	20X2.4.30.	8%
일반차입금	₩25,000	20X1.1.1.	20X2.6.30.	10%

① ₩1,000　② ₩1,500
③ ₩2,000　④ ₩2,500
⑤ ₩3,000

16 N회사는 원가기준 소매재고법을 사용하고 있으며, 원가흐름은 선입선출법을 가정하고 있다. 다음 자료를 근거로 한 기말재고자산원가는?

	원가	판매가
기초재고	₩1,200	₩3,000
당기매입액	₩14,900	₩19,900
매출액		₩20,000
인상액		₩270
인상취소액		₩50
인하액		₩180
인하취소액		₩60
종업원할인		₩200

① ₩1,890
② ₩1,960
③ ₩2,086
④ ₩2,235
⑤ ₩2,473

17 P회사의 20X1년도 회계자료가 다음과 같고, 당기총제조원가가 ₩300,000일 때, ㄱ~ㄹ에 들어갈 금액이 잘못 연결된 것은?

• 직접재료 구입액	₩100,000	• 재공품 기초재고	₩5,000
• 직접재료 기초재고	₩20,000	• 재공품 기말재고	₩20,000
• 직접재료 기말재고	(ㄱ)	• 당기제품제조원가	(ㄷ)
• 직접재료원가	(ㄴ)	• 제품 기초재고	(ㄹ)
• 직접노무원가	₩80,000	• 제품 기말재고	₩40,000
• 제조간접원가	₩110,000	• 매출원가	₩400,000

ㄱ. ₩10,000
ㄴ. ₩110,000
ㄷ. ₩285,000
ㄹ. ₩115,000

① ㄱ
② ㄹ
③ ㄴ, ㄹ
④ ㄱ, ㄴ, ㄹ
⑤ ㄴ, ㄷ, ㄹ

18 R회사는 표준원가계산제도를 채택하고 있다. 20X1년 직접노무원가와 관련된 자료가 다음과 같을 경우, 20X1년 실제 직접노무시간은?

• 실제 생산량	25,000단위	• 직접노무원가 실제 임률	시간당 ₩10
• 직접노무원가 표준임률	시간당 ₩12	• 표준 직접노무시간	단위당 2시간
• 직접노무원가 임률차이	₩110,000(유리)	• 직접노무원가 능률차이	₩60,000(불리)

① 42,500시간　② 45,000시간
③ 50,000시간　④ 52,500시간
⑤ 55,000시간

19 S회사의 다음 자료를 이용한 영업레버리지도는?(단, 기말재고와 기초재고는 없다)

• 매출액	₩1,000,000	• 공헌이익률	30%
• 고정원가	₩180,000		

① 0.4　② 0.6
③ 2.0　④ 2.5
⑤ 3.0

20 T회사는 단일제품을 대량생산하고 있으며, 가중평균법을 적용하여 종합원가계산을 하고 있다. 직접재료는 공정 초에 전량 투입되고, 전환원가는 공정 전체에서 균등하게 발생한다. 당기 원가계산 자료는 다음과 같다.

• 기초재공품 수량	3,000개(완성도 80%)	• 당기착수량	14,000개
• 당기완성품 수량	13,000개	• 기말재공품 수량	2,500개(완성도 60%)

품질검사는 완성도 70%에서 이루어지며, 기중검사를 통과한 합격품의 10%를 정상공손으로 간주한다. 직접재료원가와 전환원가의 완성품환산량 단위당 원가는 각각 ₩30과 ₩20이다. 완성품에 배부되는 정상공손원가는?

① ₩35,000　② ₩44,000
③ ₩55,400　④ ₩57,200
⑤ ₩66,000

공기업 회계학

제4회 최종모의고사

모바일 OMR

문항 수 : 20문항
시험시간 : 20분

정답 및 해설 p.172

01 **무형자산의 회계처리에 대한 설명으로 옳지 않은 것은?**

① 무형자산의 회계정책으로 원가모형이나 재평가모형을 선택할 수 있으며, 재평가모형을 적용하는 경우 공정가치는 활성시장을 기초로 하여 결정한다.

② 내부적으로 창출한 영업권은 원가를 신뢰성 있게 측정할 수 없고 기업이 통제하고 있는 식별 가능한 자원이 아니기 때문에 자산으로 인식하지 아니한다.

③ 내부 프로젝트의 연구단계에서는 미래의 경제적 효익을 창출할 무형자산이 존재한다는 것을 제시할 수 있기 때문에 내부 프로젝트의 연구단계에서 발생한 지출은 무형자산으로 인식할 수 있다.

④ 내용연수가 유한한 무형자산의 상각은 자산을 사용할 수 있는 때부터 시작하며, 상각대상금액은 내용연수 동안 체계적인 방법으로 배분하여야 한다.

⑤ 비한정 내용연수를 가지는 것으로 분류되었던 무형자산이 이후에 유한한 내용연수를 가지는 것으로 변경되었다면 감가상각을 수행한다.

02 **B회사는 선입선출법을 적용하여 재고자산을 평가하고 있다. 20X1년 기초재고는 ₩30,000, 기말재고는 ₩45,000이다. 만일 평균법을 적용하였다면 기초재고는 ₩25,000, 기말재고는 ₩38,000이다. 선입선출법 적용 시 B회사의 20X1년 매출총이익이 ₩55,000이라면, 평균법 적용 시 B회사의 20X1년 매출총이익은?**

① ₩43,000
② ₩53,000
③ ₩55,000
④ ₩57,000
⑤ ₩67,000

03 C회사는 상품을 외상매출하고 거래대금을 지급받지 않는 대신 거래상대방에게 상환해야 할 같은 금액의 채무를 변제하였다. 이 거래가 C회사의 자산, 부채, 수익 및 순이익에 미치는 영향을 바르게 짝지은 것은? (단, 판매한 상품의 매출원가는 거래대금의 80%이고, 재고자산은 계속기록법을 적용한다)

	자산	부채	수익	순이익
①	감소	감소	증가	증가
②	불변	감소	불변	증가
③	증가	불변	증가	불변
④	감소	불변	증가	불변
⑤	증가	감소	불변	감소

04 D회사는 20X1년 초 사용하던 기계장치 A(취득원가 ₩9,000, 감가상각누계액 ₩3,500)와 현금 ₩1,500을 제공하고 E회사의 기계장치 B와 교환하였다. 교환 당시 기계장치 B의 공정가치는 ₩8,000이지만, 기계장치 A의 공정가치를 신뢰성 있게 측정할 수 없었다. 동 교환거래가 상업적 실질이 있는 경우 (가)와 상업적 실질이 결여된 경우 (나) 각각에 대해 D회사가 측정할 기계장치 B의 인식시점 원가는?

	(가)	(나)
①	₩7,000	₩5,500
②	₩7,000	₩8,000
③	₩8,000	₩7,000
④	₩8,000	₩9,500
⑤	₩9,500	₩7,000

05 재무제표 작성 및 표시에 대한 설명으로 옳지 않은 것은?

① 경영진은 재무제표를 작성할 때 계속기업으로서의 존속 가능성을 평가해야 한다.
② 중요하지 않은 항목은 성격이나 기능이 유사한 항목과 통합하여 표시할 수 있다.
③ 기업은 현금흐름 정보를 제외하고는 발생기준 회계를 사용하여 재무제표를 작성한다.
④ 매출채권에 대해 대손충당금을 차감하여 순액으로 측정하는 것은 상계표시에 해당한다.
⑤ 자산과 부채를 표시할 때 유동성 순서에 따른 표시 방법, 유동/비유동 구분법에 따른 표시 방법, 혼합법 모두가 인정된다.

06 E회사는 20X1년 1월 1일 계약금액이 ₩5,000,000인 교량건설 정액도급계약을 수주하였고, 20X2년 12월 31일에 완공하였다. E회사는 진행기준으로 수익과 비용을 인식하며, 교량건설과 관련된 발생원가와 회수대금은 다음과 같다. E회사가 20X2년에 계상해야 할 이익은?(단, 진행률은 발생원가에 기초하여 계산한다)

	발생원가	회수대금
20X1년	₩1,600,000	₩2,200,000
20X2년	₩2,400,000	₩2,800,000

① ₩200,000
② ₩400,000
③ ₩500,000
④ ₩600,000
⑤ ₩1,000,000

07 F회사는 20X1년 1월 1일 영업을 시작하였다. 20X1년 12월 31일 총자산과 총부채는 각각 ₩350,000과 ₩200,000이었으며, 20X1년도의 총포괄이익은 ₩125,000이었다. 그리고 20X1년 중에 배당금 ₩5,000을 현금으로 지급하였다. F회사의 20X1년 1월 1일 시점의 순자산 장부가액은?

① ₩5,000
② ₩30,000
③ ₩50,000
④ ₩150,000
⑤ ₩180,000

08 G회사는 20X1년 중에 지분증권을 ₩6,000에 현금으로 취득하였으며, 이 가격은 취득시점의 공정가치와 동일하다. 지분증권 취득 시 매매수수료 ₩100을 추가로 지급하였다. 동 지분증권의 20X1년 말 공정가치는 ₩7,000이며, G회사는 20X2년 초에 지분증권 전부를 ₩7,200에 처분하였다. G회사가 지분증권을 취득 시 기타포괄손익－공정가치측정금융자산으로 분류한 경우 20X1년과 20X2년 당기순이익에 미치는 영향은?

	20X1년 당기순이익에 미치는 영향	20X2년 당기순이익에 미치는 영향
①	₩900 증가	₩1,100 증가
②	₩1,000 증가	₩1,100 증가
③	₩1,100 증가	₩900 증가
④	영향 없음	₩900 증가
⑤	영향 없음	영향 없음

09 **H회사는 20X1년 중 만기가 20X3년 6월 30일인 사채를 현금으로 상환하였다. 이 거래가 20X1년 말 총자산회전율과 당좌비율에 미치는 영향은?**

	총자산회전율	당좌비율
①	감소	감소
②	감소	증가
③	증가	감소
④	증가	증가
⑤	불변	불변

10 **재무정보의 질적 특성에 대한 설명으로 옳지 않은 것은?**

① 중요성은 개별 기업 재무보고서 관점에서 해당 정보와 관련된 항목의 성격이나 규모 또는 이 둘 모두에 근거하여 해당 기업에 특유한 측면의 목적적합성을 의미한다.

② 충실한 표현을 하기 위해서는 서술이 완전하고, 중립적이며, 오류가 없어야 한다.

③ 보강적 질적 특성은 만일 어떤 두 가지 방법이 현상을 동일하게 목적적합하고 충실하게 표현하는 것이라면, 이 두 가지 방법 가운데 어느 방법을 현상의 서술에 사용해야 할지를 결정하는 데에도 도움을 줄 수 있다.

④ 단 하나의 경제적 현상을 충실하게 표현하는 데 여러 방법이 있을 수 있으나, 동일한 경제적 현상에 대해 대체적인 회계처리 방법을 허용하면 비교 가능성이 감소한다.

⑤ 일관성은 한 보고기업 내에서 기간 간 또는 같은 기간 동안에 기업 간, 동일한 항목에 대해 동일한 방법을 적용하는 것을 의미하므로 비교 가능성과 동일한 의미로 사용된다.

11 **I회사는 20X1년 1월 1일에 액면가액 ₩1,000,000, 표시이자율 연 8%, 이자지급일 매년 12월 31일, 만기 3년인 사채를 할인발행하였다. 만기까지 상각되는 연도별 사채할인발행차금 상각액은 다음과 같다.**

20X1.12.31.	20X2.12.31.	20X3.12.31.
₩15,025	₩16,528	₩18,195

20X1년 1월 1일 사채의 발행금액은 얼마인가?

① ₩921,100

② ₩938,761

③ ₩942,392

④ ₩948,500

⑤ ₩950,252

12 J회사는 20X1년 4월 1일에 건물을 임대하고, 3년분 임대료 ₩360,000을 현금으로 수취하였다. 세법상 임대료의 귀속시기는 현금기준이며, J회사는 임대료에 대해 발생기준을 적용하여 인식한다. 세율이 20X1년 30%, 20X2년 25%, 20X3년 이후는 20%라면, 20X1년 말 재무상태표에 보고될 이연법인세자산(부채)은?(단, 다른 일시적 차이는 없고, 임대료는 월할 계산한다)

① 이연법인세자산 ₩60,000
② 이연법인세부채 ₩60,000
③ 이연법인세자산 ₩81,000
④ 이연법인세부채 ₩81,000
⑤ 이연법인세자산 ₩95,000

13 K회사는 20X1년 7월 1일 기계장치를 ₩120,000에 취득(내용연수 4년, 잔존가치 ₩20,000, 연수합계법 상각)하면서 정부로부터 자산 관련 보조금 ₩40,000을 수령하였다. K회사가 수령한 보조금을 기계장치의 장부가액에서 차감하는 방법으로 표시한다면 20X1년 말 재무상태표에 표시될 기계장치의 장부가액은?(단, 기계장치는 원가법을 적용하고, 손상차손은 없으며, 감가상각비는 월할 계산한다)

① ₩68,000
② ₩88,000
③ ₩92,000
④ ₩100,000
⑤ ₩112,000

14 20X1년 12월 31일 은행계정 조정 후 L회사의 장부상 정확한 당좌예금계정의 잔액은 ₩300,000이다. 이 금액은 거래은행이 보내온 20X1년 12월 31일 은행계정명세서의 잔액과 차이가 있는데, 차이가 나는 원인은 다음과 같다.

- L회사가 발행한 수표 ₩5,000을 거래은행이 실수로 ₩500으로 처리하였다.
- L회사의 기발행미인출수표는 ₩20,000이다.
- 거래은행이 미처 기입하지 못한 L회사의 당좌예금 입금액은 ₩10,000이다.
- M회사가 발행한 수표 ₩4,000을 거래은행이 실수로 L회사의 계정에서 차감하였다.

거래은행이 보내온 20X1년 12월 31일 은행계정명세서의 잔액은?

① ₩289,500
② ₩290,500
③ ₩309,500
④ ₩310,500
⑤ ₩320,500

15 M회사의 20X1년 이익잉여금 기초잔액은 ₩50,000이었으며, 20X1년 중 다음의 거래가 있었다.

- 원가 ₩1,000의 컴퓨터 1대를 ₩5,000에 판매하였으며, 판매대금 중 ₩1,500은 현금으로 수취하였고 잔액은 외상으로 하였다.
- 건물에 대한 감가상각비 ₩200, 기계에 대한 감가상각비 ₩100을 인식하였다.
- 장기차입금에 대한 당기 이자비용 ₩400을 현금 지급하였다.
- 배당결의를 하고 배당금 ₩300을 현금 지급하였다.

M회사의 20X1년도 당기순이익과 20X1년 말 이익잉여금은 각각 얼마인가?

	당기순이익	이익잉여금
①	₩3,000	₩53,000
②	₩3,000	₩53,300
③	₩3,300	₩53,000
④	₩3,300	₩53,300
⑤	₩3,500	₩53,000

16 N회사는 20X1년 12월 초 위탁판매를 위해 P회사에게 단위당 원가 ₩1,200인 상품 500개를 적송하면서 운임 ₩30,000을 현금 지급하였다. 20X2년 1월 초 위탁판매와 관련하여 N회사는 P회사에서 다음과 같은 판매현황을 보고받았다.

• 매출액	400개×₩1,500=	₩600,000
• 판매수수료	₩18,000	
• 운임 및 보관료	₩12,000	(₩30,000)
• N회사에게 송금한 금액		₩570,000

N회사가 위탁판매와 관련하여 20X1년 재무제표에 인식할 매출액과 적송품 금액은?(단, N회사는 계속기록법을 채택하고 있다)

	매출액	적송품 금액
①	₩570,000	₩120,000
②	₩570,000	₩126,000
③	₩600,000	₩120,000
④	₩600,000	₩126,000
⑤	₩630,000	₩120,000

17 다음은 P회사가 생산하는 제품에 대한 원가자료이다.

• 단위당 직접재료원가	₩28,000	• 단위당 직접노무원가	₩40,000
• 단위당 변동제조간접원가	₩60,000	• 월간 총고정제조간접원가	₩200,000

P회사의 제품 단위당 기초원가와 단위당 가공원가는?(단, 고정제조간접원가는 월간 총생산량 20단위를 기초로 한 것이다)

	단위당 기초원가	단위당 가공원가
①	₩68,000	₩110,000
②	₩68,000	₩128,000
③	₩110,000	₩68,000
④	₩128,000	₩68,000
⑤	₩136,000	₩58,000

18 R회사는 보급형과 고급형 두 가지 모델의 제품을 생산·판매하고, 제조간접원가 배부를 위해 활동기준원가계산을 적용한다. R회사는 당기에 보급형 800개, 고급형 100개를 생산·판매하였으며, 제조원가 산정을 위한 자료는 다음과 같다. R회사의 고급형 모델의 단위당 제조원가는?(단, 기초재고와 기말재고는 없다)

		보급형	고급형
직접재료원가		₩32,000	₩5,000
직접노무원가		₩24,000	₩3,500
제조간접원가	작업준비	₩6,000	
	제품검사	₩9,000	
	합계	₩15,000	

활동	원가동인	활동사용량		
		보급형	고급형	합계
작업준비	준비횟수	20회	10회	30회
제품검사	검사시간	100시간	100시간	200시간

① ₩100
② ₩120
③ ₩135
④ ₩150
⑤ ₩175

19 의자 및 책상을 제조 · 판매하는 S회사의 의자사업부문의 20X1년 제조량은 총 100개이며, 제품단위당 판매가격은 ₩2,000이다. 의자사업부문 제조원가명세서에 나타난 직접재료원가와 직접노무원가는 각각 ₩100,000과 ₩50,000이고, 나머지 제조비용 ₩30,000은 모두 고정원가이다. 20X1년도 이 회사 의자사업부문의 손익분기점 판매액은?

① ₩60,000
② ₩80,000
③ ₩120,000
④ ₩150,000
⑤ ₩180,000

20 종합원가계산제도를 채택하고 있는 T회사는 두 가지 직접재료를 이용해서 단일제품을 생산하고 있다. 직접재료 A는 공정 초기에 전량 투입되고, 직접재료 B는 가공원가 완성도 50% 시점에서 한꺼번에 전량 투입된다. 가공원가는 공정 전반을 통해 균등하게 발생한다. 20X1년 4월의 생산 관련 자료가 다음과 같을 때, 선입선출법하에서 직접재료원가 A, 직접재료원가 B, 가공원가 각각에 대한 당월 완성품환산량은 얼마인가?

	물량단위
월초 재공품	1,000단위(가공원가 완성도 80%)
완성품	6,000단위
월말 재공품	2,000단위(가공원가 완성도 40%)

	직접재료원가 A	직접재료원가 B	가공원가
①	7,000단위	5,000단위	6,000단위
②	7,000단위	6,000단위	5,800단위
③	8,000단위	5,200단위	5,800단위
④	8,000단위	6,000단위	6,000단위
⑤	8,000단위	7,000단위	5,800단위

공기업 회계학

제5회 최종모의고사

모바일 OMR

문항 수 : 20문항
시험시간 : 20분

정답 및 해설 p.175

01 A회사는 20X1년 1월 1일 무형자산 요건을 충족하는 특허권을 취득(취득원가 ₩10,000, 내용연수 5년, 잔존가치 ₩0, 정액법 상각)하고 재평가모형을 적용하고 있다. 특허권은 활성시장이 존재하며, 20X2년 말 손상이 발생하였고, 20X3년 말 손상이 회복되었다. 연도별 특허권의 공정가치와 회수가능액이 다음과 같을 경우, 20X3년 말 손상차손환입액과 재평가잉여금 증가액은?(단, 내용연수 동안 재평가잉여금의 이익잉여금 대체는 없는 것으로 가정한다)

	20X1년 말	20X2년 말	20X3년 말
공정가치	₩8,400	₩5,900	₩4,200
회수가능액	₩8,500	₩5,400	₩4,100

	손상차손환입액	재평가잉여금 증가액
①	₩500	₩0
②	₩500	₩100
③	₩600	₩0
④	₩600	₩100
⑤	₩700	₩0

02 다음은 B회사의 20X2년도 비교재무상태표의 일부분이다. B회사의 20X2년도 매출채권 평균회수기간이 73일이고, 재고자산회전율이 3회일 때 20X2년도 매출총이익은?(단, 재고자산회전율 계산 시 매출원가를 사용하고, 평균재고자산과 평균매출채권은 기초와 기말의 평균값을 이용하며, 1년은 365일로 계산한다)

	20X2년 12월 31일	20X1년 12월 31일
매출채권	₩240,000	₩200,000
재고자산	₩180,000	₩140,000

① ₩460,000
② ₩580,000
③ ₩620,000
④ ₩660,000
⑤ ₩780,000

03 12월 결산법인인 C회사는 결산 중 20X1년 9월 1일에 1년분의 화재보험료 ₩600,000을 현금으로 지급하면서 보험료로 회계처리하였으며, 20X1년 1월 1일 자산으로 계상된 소모품 ₩200,000 중 12월 말 현재 보유하고 있는 소모품은 ₩50,000인 사실을 추가적으로 확인하였다. 이에 대한 수정분개가 모두 반영된 경우 자산 또는 법인세비용차감전순이익에 미치는 영향으로 옳은 것은?

① 자산이 ₩150,000 감소한다.
② 자산이 ₩400,000 증가한다.
③ 법인세비용차감전순이익은 ₩150,000 감소한다.
④ 법인세비용차감전순이익은 ₩250,000 증가한다.
⑤ 법인세비용차감전순이익은 ₩400,000 증가한다.

04 D회사는 20X1년 초 건물을 ₩480,000에 취득(정액법 상각, 내용연수 4년, 잔존가치 없음)하여 사용하던 중 20X4년 9월 말 ₩130,000에 처분하였다. D회사는 20X3년 초에 동 건물의 내용연수에 대한 추정을 변경하여 내용연수를 당초보다 1년 연장하였으나, 감가상각 방법과 잔존가치에 대한 변경은 없었다. D회사가 20X4년 9월 말 상기 건물의 처분시점에 인식할 유형자산처분이익은?(단, 감가상각비는 월할 계산한다)

① ₩0
② ₩18,000
③ ₩24,000
④ ₩30,000
⑤ ₩50,000

05 재무제표의 작성 및 표시에 대한 설명으로 옳지 않은 것은?

① 자산과 부채는 각각 유동과 비유동으로 구분해야 하고 유동성이 큰 항목부터 배열한다.
② 현금및현금성자산은 교환이나 부채 상환 목적으로의 사용에 대한 제한기간이 보고기간 후 12개월 이상인 경우에는 유동자산으로 분류하지 않는다.
③ 투자자산의 시장가치가 보고기간(2023년) 말과 재무제표발행승인일 사이에 하락한 경우, 이를 반영하여 2023년 재무상태표의 투자자산 금액을 수정하지 않는다.
④ 상법 등에서 이익잉여금처분계산서의 작성을 요구하는 경우에는 이익잉여금처분계산서를 주석으로 공시한다.
⑤ 한국채택국제회계기준에서 요구하거나 허용하지 않는 한 자산과 부채 그리고 수익과 비용은 상계처리하지 아니한다.

06 다음 중 수익인식 시점이 재화·용역의 판매시점인 경우를 모두 고르면?

ㄱ. 반품 가능 재화의 판매로서 반품 관련 위험을 신뢰성 있게 추정할 수 없는 경우
ㄴ. 수탁자가 재화의 소유에 따른 효익과 위험을 부담하지 않고 위탁자의 대리인으로서 재화를 맡아서 판매하는 위탁판매
ㄷ. 할부대금의 회수가 장기에 걸쳐 분할되어 있는 장기할부판매
ㄹ. 상품권 발행 후 재화를 인도하고 상품권을 받은 경우

① ㄷ
② ㄱ, ㄷ
③ ㄴ, ㄹ
④ ㄱ, ㄷ, ㄹ
⑤ ㄴ, ㄷ, ㄹ

07 F회사의 20X2년 2월 중 개최된 주주총회에서 이루어진 20X1년 재무제표에 대한 결산 승인 내역은 다음과 같다. F회사의 결산 승인 전 미처분이익잉여금이 ₩43,000일 때, 결산 승인 내역을 반영한 후의 차기이월 미처분이익잉여금은?(단, 이익준비금 설정은 고려하지 않는다)

• 임의적립금 이입액	₩3,000	• 주식할인발행차금 상각액	₩2,000
• 현금배당액	₩10,000		

① ₩27,000
② ₩28,000
③ ₩32,000
④ ₩33,000
⑤ ₩34,000

08 G회사는 20X1년 초 H회사가 발행한 사채(액면가액 ₩100,000, 표시이자율 연 10%, 매년 말 이자 지급)를 ₩90,000에 취득하고, 이를 기타포괄손익－공정가치측정금융자산으로 분류하였다. H회사가 발행한 사채의 20X1년 말 공정가치가 ₩95,000인 경우, H회사가 발행한 사채와 관련된 회계처리가 G회사의 20X1년도 총포괄손익에 미치는 영향은?

① 영향 없음
② ₩10,000 감소
③ ₩10,000 증가
④ ₩15,000 증가
⑤ ₩20,000 증가

09 **다음 H회사의 회계정보에 대한 설명으로 옳은 것은?(단, 당기 중 유통주식수의 변화는 없었다)**

• 당기매출액	₩1,500,000	• 당기순이익	₩200,000
• 총자산순이익률	20%	• 발행주식수	50,000주
• 자기주식수	10,000주		

① 주당순이익은 ₩5이다.
② 총자산회전율은 3회이다.
③ 유통주식수는 50,000주이다.
④ 평균총자산은 ₩3,000,000이다.
⑤ 당기매출액이 증가한다면 총자산회전율은 감소한다.

10 **재무보고를 위한 개념체계에서 측정기준에 대한 설명으로 옳지 않은 것은?**

① 현행가치와 달리 역사적 원가는 자산의 손상이나 손실부담에 따른 부채와 관련되는 변동을 제외하고는 가치의 변동을 반영하지 않는다.
② 현행가치 측정기준은 공정가치, 자산의 사용가치 및 부채의 이행가치, 현행원가를 포함한다.
③ 공정가치로 자산과 부채를 측정하여 제공하는 정보는 예측가치를 가질 수 있다.
④ 사용가치와 이행가치는 기업이 자산을 궁극적으로 처분하거나 부채를 이행할 때 발생할 것으로 기대되는 거래원가의 현재가치를 포함하지 않는다.
⑤ 공정가치는 자산의 궁극적인 처분이나 부채의 이전 또는 결제에서 발생할 거래원가를 반영하지 않는다.

11 **I회사의 당기 법인세비용차감전순이익은 ₩10,000이며, 당기 법인세 세무조정 사항은 다음과 같다. 이외 다른 세무조정 사항은 없으며, 법인세율은 30%이다. 당기 재무상태표에 보고되는 이연법인세자산(부채)은?**

• 비과세 이자수익은 ₩2,000이다.
• 당기 미수이자 ₩4,000은 차기에 현금으로 회수된다.
• 자기주식처분이익은 ₩6,000이다.

① 이연법인세자산 ₩600
② 이연법인세자산 ₩1,200
③ 이연법인세부채 ₩600
④ 이연법인세부채 ₩1,200
⑤ 이연법인세부채 ₩1,800

12 J회사는 20X1년 1월 1일에 액면가액이 ₩100,000, 만기가 3년, 이자지급일이 매년 12월 31일인 사채를 ₩92,269에 할인발행하였다. 이 사채의 20X2년 1월 1일 장부가액이 ₩94,651일 때, 액면이자율은?(단, 유효이자율은 연 8%이고, 소수점 발생 시 소수점 첫째 자리에서 반올림한다)

① 4%
② 5%
③ 6%
④ 7%
⑤ 8%

13 다음은 K회사의 20X1년 회계자료이다. 20X1년 영업활동에 의한 현금흐름(간접법)은?(단, 법인세 지급은 영업활동으로 분류한다)

• 법인세비용차감전순이익	₩240,000
• 매출채권(순액)의 감소	₩40,000
• 감가상각비	₩3,000
• 유형자산처분손실	₩6,000
• 장기차입금의 증가	₩100,000
• 선수금의 증가	₩2,000
• 선급비용의 감소	₩4,000
• 기타포괄손익 – 공정가치측정금융자산처분이익	₩7,000
• 매입채무의 증가	₩30,000
• 자기주식처분이익	₩5,000
• 당기손익인식 – 공정가치측정금융자산평가손실	₩10,000
• 법인세지급액	₩50,000

① ₩278,000
② ₩288,000
③ ₩305,000
④ ₩378,000
⑤ ₩395,000

14 L회사의 20X1년 초 매출채권과 대손충당금의 잔액은 각각 ₩400,000과 ₩4,000이었다. 20X1년 중 외상매출액이 ₩1,000,000이고, 매출채권의 정상회수액이 ₩800,000이다. 20X1년 중 매출채권의 대손이 확정된 금액은 ₩3,000이다. L회사가 20X1년 말에 회수 가능한 매출채권 금액을 ₩590,000으로 추정할 경우, 20X1년에 인식할 대손상각비는?

① ₩1,000
② ₩2,000
③ ₩6,000
④ ₩7,000
⑤ ₩9,000

15 M회사는 20X1년 초에 기계장치(잔존가치 ₩0, 내용연수 5년, 정액법 상각)를 ₩5,000에 취득하고, 원가모형을 사용하여 측정하고 있다. 20X1년 말에 손상징후가 있어 손상검사를 실시한 결과, 기계장치의 순공정가치는 ₩2,500, 사용가치는 ₩2,800으로 판명되었다. 이후 20X2년 말에 손상이 회복되어 기계장치의 회수가능액이 ₩4,000이 된 경우 기계장치의 장부가액은?

① ₩2,100
② ₩3,000
③ ₩3,300
④ ₩4,000
⑤ ₩4,500

16 N회사의 20X1년 기말재고 관련 자료는 다음과 같으며, 상품별로 저가법을 적용한다.

상품	수량	취득원가	예상판매가격	예상판매비용
A	2	₩5,000	₩7,000	₩1,500
B	3	₩8,000	₩9,000	₩2,000
C	2	₩2,500	₩3,000	₩1,000

기초상품재고액은 ₩50,000, 당기총매입액은 ₩1,000,000, 매입할인은 ₩50,000이며, N회사는 재고자산평가손실을 매출원가에 포함한다. N회사의 20X1년 포괄손익계산서상 매출원가는?

① ₩962,000
② ₩964,000
③ ₩965,000
④ ₩1,050,000
⑤ ₩1,150,000

17 P회사의 20X1년 6월 매출액은 ₩400,000이며, 매출총이익률은 25%이다. 원가 관련 자료가 다음과 같을 때 6월 말 직접재료 재고액은?

	6월 초	6월 말
직접재료	₩20,000	?
재공품	₩50,000	₩40,000
제품	₩90,000	₩100,000
직접재료 매입액	₩180,000	
전환(가공)원가	₩130,000	

① ₩20,000
② ₩30,000
③ ₩40,000
④ ₩50,000
⑤ ₩60,000

18 R회사는 최근 신제품을 개발하여 최초 10단위의 제품을 생산하는 데 총 150시간의 노무시간을 소요하였으며, 직접노무시간당 ₩1,000의 직접노무원가가 발생하였다. R회사는 해당 신제품 생산의 경우, 90%의 누적평균시간 학습곡선모형이 적용될 것으로 예상하고 있다. 최초 10단위 생산 후, 추가로 30단위를 생산하는 데 발생할 것으로 예상되는 직접노무원가는?

① ₩180,000
② ₩259,000
③ ₩324,000
④ ₩336,000
⑤ ₩583,000

19 S회사의 총변동원가가 ₩240,000, 총고정원가가 ₩60,000, 공헌이익률이 40%이다. 영업레버리지도는? (단, 기초재고와 기말재고는 동일하다)

① 1.2
② 1.4
③ 1.6
④ 1.8
⑤ 2.0

20 T회사는 단일제품을 대량으로 생산하고 있으며, 종합원가계산을 적용하고 있다. 원재료는 공정 초기에 투입되고, 가공원가는 공정 전반에 걸쳐 균등하게 발생하는데, T회사의 20X1년 4월의 생산자료는 다음과 같다.

• 기초재공품 수량	100,000개(완성도 60%)	• 당기착수량	800,000개
• 당기완성품 수량	600,000개	• 기말재공품 수량	200,000개(완성도 80%)

T회사는 선입선출법을 적용하고 있으며, 생산공정에서 발생하는 공손품의 검사는 공정의 50% 시점에서 이루어지며, 검사를 통과한 합격품의 10%를 정상공손으로 허용하고 있을 때 비정상공손 수량은?

① 10,000개
② 30,000개
③ 60,000개
④ 70,000개
⑤ 90,000개

공기업 회계학

제6회 최종모의고사

모바일 OMR

문항 수 : 20문항
시험시간 : 20분

정답 및 해설 p.179

01 **충당부채에 대한 설명으로 옳지 않은 것은?**

① 충당부채로 인식하는 금액은 현재의무를 보고기간 말에 이행하기 위하여 필요한 지출에 대한 최선의 추정치이어야 한다.

② 미래의 예상 영업손실은 충당부채로 인식하지 아니한다.

③ 현재의무를 이행하기 위하여 필요한 지출 금액에 영향을 미치는 미래 사건이 일어날 것이라는 충분하고 객관적인 증거가 있는 경우에도, 그 미래 사건을 고려하여 충당부채 금액을 추정하지 않는다.

④ 화폐의 시간가치 영향이 중요한 경우에 충당부채는 의무를 이행하기 위하여 예상되는 지출액의 현재가치로 평가한다.

⑤ 제3자가 지급하지 않더라도 기업이 해당 금액을 지급할 의무가 없는 경우에는 충당부채에 포함하지 않는다.

02 **재고자산의 회계처리에 대한 설명으로 옳지 않은 것은?**

① 재고자산의 단위원가 결정 방법으로 후입선출법은 허용되지 않는다.

② 재고자산에 대한 단위원가 결정 방법의 적용은 동일한 용도나 성격을 지닌 재고자산에 대해서는 동일하게 적용해야 하나, 지역별로 분포된 사업장이나 과세 방식이 다른 사업장 간에는 동일한 재고자산이라도 원칙적으로 다른 방법을 적용한다.

③ 재고자산은 서로 유사하거나 관련 있는 항목들을 통합하여 적용하는 것이 적절하지 않는 한 항목별로 순실현가능가치로 감액하는 저가법을 적용한다.

④ 완성될 제품이 원가 이상으로 판매될 것으로 예상하는 경우에는 그 제품의 생산에 투입하기 위해 보유하는 원재료는 감액하지 아니한다.

⑤ 재고자산의 감액을 초래했던 상황이 해소되거나 경제상황의 변동으로 순실현가능가치가 상승한 명백한 증거가 있는 경우에는 최초의 장부금액을 초과하지 않는 범위 내에서 평가손실을 환입한다.

03 다음 자료를 이용한 C회사의 당기순이익은?

• 매출액	₩60,000	• 임대료수익	₩1,000
• 매출원가	₩20,000	• 미지급급여	₩500
• 급여	₩10,000	• 선급비용	₩3,000
• 감가상각비	₩6,000	• 선수수익	₩6,000
• 대손상각비	₩2,000	• 미지급 배당금	₩1,000
• 자기주식처분이익	₩3,000	• 유형자산처분이익	₩30,000
• 기타포괄손익－공정가치측정금융자산평가손실 ₩5,000			

① ₩48,000
② ₩50,000
③ ₩52,000
④ ₩53,000
⑤ ₩58,000

04 D회사는 본사 사옥을 신축하기 위하여 토지를 취득하였는데, 이 토지에는 철거 예정인 창고가 있었다. 다음 자료를 고려할 때, 토지의 취득원가는?

• 토지 구입대금	₩1,000,000
• 사옥 신축 개시 이전까지 토지 임대를 통한 수익	₩25,000
• 토지 취득세 및 등기수수료	₩70,000
• 창고 철거비	₩10,000
• 창고 철거 시 발생한 폐자재 처분 수입	₩5,000
• 본사 사옥 설계비	₩30,000
• 본사 사옥 공사대금	₩800,000

① ₩1,050,000
② ₩1,075,000
③ ₩1,080,000
④ ₩1,100,000
⑤ ₩1,105,000

05 재무제표 표시에 대한 설명으로 옳지 않은 것은?

① 기업은 현금흐름 정보를 제외하고는 발생기준 회계를 사용하여 재무제표를 작성한다.
② 경영진이 기업을 청산하거나 경영활동을 중단할 의도를 가지고 있지 않거나, 청산 또는 경영활동의 중단 외에 다른 현실적 대안이 없는 경우가 아니면 계속기업을 전제로 재무제표를 작성한다.
③ 계속기업으로서의 존속능력에 유의적인 의문이 제기될 수 있는 사건이나 상황과 관련된 중요한 불확실성을 알게 된 경우, 경영진은 그러한 불확실성을 공시하여야 한다.
④ 재무제표가 계속기업의 기준하에 작성되지 않는 경우에는 그 사실과 함께 재무제표가 작성된 기준 및 그 기업을 계속기업으로 보지 않는 이유를 공시하여야 한다.
⑤ 경영진은 재무제표를 작성할 때 계속기업으로서의 존속 가능성을 평가하지 않는다.

06 E회사는 20X1년 3월 1일에 기계장치 A(내용연수 5년, 잔존가치 ₩0)를 ₩3,600,000에 취득하여 원가모형을 적용하고 있다. 20X2년 초 기계장치 A에 대해 감가상각 방법을 기존의 연수합계법에서 정액법으로 변경하였다면 20X2년도 감가상각비는?(단, 감가상각은 월할 계산한다)

① ₩540,000
② ₩624,000
③ ₩764,000
④ ₩860,000
⑤ ₩960,000

07 20X1년 기초 재무상태표와 기말 재무상태표의 자산 및 부채의 총액이 다음과 같고, 수익과 비용의 합계액이 각각 ₩10,000,000과 ₩8,000,000인 경우, 20X1년의 추가적인 지분출자액은?(단, 배당금은 고려하지 않는다)

	기초	기말
자산총액	₩50,000,000	₩30,000,000
부채총액	₩65,000,000	₩20,000,000

① ₩20,000,000
② ₩23,000,000
③ ₩26,000,000
④ ₩29,000,000
⑤ ₩32,000,000

08 **G회사는 20X1년 초에 H회사의 주식을 거래원가 ₩10,000을 포함하여 ₩510,000에 취득하고 당기손익 －공정가치측정금융자산으로 분류하였다. 20X1년 말과 20X2년 말 공정가치는 각각 ₩530,000과 ₩480,000이고, 20X3년에 ₩490,000에 처분하였을 때, 주식처분으로 당기손익에 미치는 영향은?**

① 영향 없음
② ₩8,000 이익
③ ₩10,000 이익
④ ₩12,000 이익
⑤ ₩15,000 이익

09 **H회사의 20X1년 12월 31일 현재 재무상태는 다음과 같다.**

• 자산총계	₩880,000	• 비유동부채	₩540,000
• 매출채권	₩120,000	• 자본총계	₩100,000
• 재고자산	₩240,000	• 비유동자산	₩520,000

만약 H회사가 현금 ₩50,000을 단기차입한다고 가정하면, 이러한 거래가 당좌비율과 유동비율에 미치는 영향은?

	당좌비율	유동비율
①	영향 없음	영향 없음
②	감소	증가
③	감소	감소
④	증가	증가
⑤	증가	감소

10 **일반목적재무보고의 목적에 대한 설명으로 옳지 않은 것은?**

① 현재 및 잠재적 투자자, 대여자 및 기타 채권자가 필요로 하는 모든 정보를 제공하여야 한다.
② 보고기업의 재무상태에 관한 정보, 즉 기업의 경제적 자원과 보고기업에 대한 청구권에 관한 정보를 제공한다.
③ 경영진의 책임 이행에 대한 정보는 경영진의 행동에 대해 의결권을 가지거나 다른 방법으로 영향력을 행사하는 현재 투자자, 대여자 및 기타 채권자의 의사결정에 유용하다.
④ 경영진은 그들이 필요로 하는 재무정보를 내부에서 구할 수 있기 때문에 일반목적재무보고서에 의존할 필요가 없다.
⑤ 현재 및 잠재적 투자자, 대여자 및 기타 채권자가 기업에 자원을 제공하는 것에 대한 의사결정을 할 때 유용한 보고기업 재무정보를 제공한다.

11 다음 중 유효이자율법에 의한 사채할인발행차금 또는 사채할증발행차금에 대한 설명으로 옳지 않은 것을 모두 고르면?

ㄱ. 사채를 할증발행할 경우, 인식하게 될 이자비용은 현금이자 지급액에서 사채할증발행차금 상각액을 차감한 금액이다.
ㄴ. 사채를 할인발행할 경우, 사채할인발행차금 상각액은 점차 증가한다.
ㄷ. 사채를 할인발행 또는 할증발행할 경우 마지막 기간 상각 완료 후 장부가액은 사채의 발행금액이 된다.
ㄹ. 사채할인발행차금의 총발생액과 각 기간 상각액의 합계금액은 같고, 사채할증발행차금 역시 같다.

① ㄱ
② ㄷ
③ ㄱ, ㄹ
④ ㄴ, ㄷ
⑤ ㄴ, ㄷ, ㄹ

12 J회사의 20X1년 보통주 변동내역은 다음과 같다.

• 기초유통보통주식수	6,000주
• 7월 1일 보통주 무상증자	500주
• 9월 1일 보통주 공정가치 발행 유상증자	900주

20X1년 가중평균유통보통주식수는?(단, 기간은 월할 계산한다)

① 6,550주
② 6,800주
③ 6,900주
④ 7,100주
⑤ 7,400주

13 K회사는 자기주식에 대하여 원가법을 적용하고 있다. 기중에 자기주식 20주를 외상으로 ₩40,000에 취득하였고, 이 중 10주를 현금 ₩30,000에 처분하였다. 이 주식거래로 인한 자본의 변화는?(단, 기초 자기주식처분손익은 없다고 가정한다)

① ₩10,000 증가
② ₩10,000 감소
③ ₩15,000 증가
④ ₩15,000 감소
⑤ ₩20,000 증가

14 L회사의 20X1년 12월 31일 결산일 현재 다음의 현금 및 예금 등의 자료를 이용할 때, 20X1년 재무상태표에 보고할 현금및현금성자산 금액은?

• 현금	₩30,000
• 우편환증서	₩100,000
• 우표와 수입인지	₩20,000
• 은행발행 자기앞수표	₩20,000
• 보통예금(사용제한 없음)	₩10,000
• 정기적금(만기 20X4년 1월 31일)	₩200,000
• 당좌차월	₩50,000
• 당좌개설보증금	₩80,000
• 환매조건부채권(20X1년 12월 1일 취득, 만기 20X2년 1월 31일)	₩300,000

① ₩360,000
② ₩440,000
③ ₩460,000
④ ₩540,000
⑤ ₩560,000

15 M회사는 20X1년 초에 토지를 새로 구입한 후, 토지 위에 새로운 사옥을 건설하기로 하였다. 이를 위해 토지 취득 후 토지 위에 있는 창고건물을 철거하였다. 토지 취득 후 바로 공사를 시작하였으며, 토지 취득 및 신축 공사와 관련된 지출내역은 다음과 같다. 20X1년 12월 31일 현재 사옥 신축공사가 계속 진행 중이라면 건설 중인 자산으로 계상할 금액은?

• 토지의 구입가격	₩20,000
• 토지의 구입에 소요된 부대비용	₩1,300
• 토지 위의 창고 철거비용	₩900
• 새로운 사옥의 설계비	₩2,000
• 기초공사를 위한 땅 굴착비용	₩500
• 건설자재 구입비용	₩4,000
• 건설자재 구입과 직접 관련된 차입금에서 발생한 이자	₩150
• 건설 근로자 인건비	₩1,700

① ₩8,200
② ₩8,350
③ ₩9,100
④ ₩9,250
⑤ ₩9,750

16 N회사는 20X1년 1월 1일 영업을 개시하였다. 20X1년 12월 31일 회계자료가 다음과 같을 때, 20X1년도 매출총이익은?

• 매출총액	₩200,000	• 매입에누리	₩1,000
• 임차료	₩5,000	• 매입총액	₩100,000
• 매출운임	₩5,000	• 급여	₩15,000
• 매입운임	₩10,000	• 매출할인	₩5,000
• 매입할인	₩1,000	• 이자수익	₩10,000
• 기말상품재고	₩15,000	• 기계처분손실	₩2,000

① ₩102,000
② ₩112,000
③ ₩122,000
④ ₩132,000
⑤ ₩142,000

17 기본원가와 가공원가에 공통적으로 해당하는 항목은?

① 제품제조원가
② 제조간접원가
③ 직접재료원가
④ 직접노무원가
⑤ 간접재료원가

18 R회사는 정상개별원가계산을 적용하고 있으며, 제조간접원가 배부기준은 직접노무시간이다. 20X1년 제조간접원가 예산은 ₩2,000이고, 예정 직접노무시간은 200시간이었다. 20X1년 실제 직접노무시간은 210시간, 제조간접원가 과대배부액이 ₩200이었다. 제조간접원가 실제 발생액은?

① ₩1,600
② ₩1,700
③ ₩1,800
④ ₩1,900
⑤ ₩2,000

19 S회사의 20X1년 제품단위당 변동원가는 ₩600, 연간 고정원가는 ₩190,000이다. 국내시장에서 단위당 ₩1,000에 300개를 판매할 계획이며, 남은 제품은 해외시장에서 ₩950에 판매 가능하다. 20X1년 손익분기점 판매량은?(단, 해외시장에 판매하더라도 제품단위당 변동원가는 동일하며, 해외판매는 국내수요에 영향을 주지 않는다)

① 500개
② 950개
③ 1,050개
④ 1,100개
⑤ 1,150개

20 T회사는 종합원가계산제도를 채택하고 있다. 20X1년도 제품생산 관련 자료는 다음과 같다.

• 기초재공품 수량	200개(가공원가 완성도 50%)
• 당기완성품 수량	800개
• 기말재공품 수량	500개(가공원가 완성도 60%)

직접재료원가는 공정 초에 전량 투입되고, 가공원가는 공정 전반에 걸쳐 균등하게 발생한다. 선입선출법하의 완성품환산량은?(단, 공손과 감손은 발생하지 않았다)

① 1,100개
② 1,300개
③ 2,100개
④ 2,300개
⑤ 2,500개

제7회 최종모의고사

모바일 OMR

문항 수 : 20문항
시험시간 : 20분

정답 및 해설 p.182

01 **다음은 토지의 공정가치 변동자료이다. A회사는 토지를 20X1년 7월 중에 취득하고 계속 보유 중이다. 동 토지가 투자부동산으로 분류되는 경우와 유형자산으로 분류되는 경우 각각 기말 재무상태표상의 이익잉여금에 미치는 영향은?(단, A회사는 토지의 회계처리 시 투자부동산의 경우 공정가치모형을, 유형자산의 경우 재평가모형을 적용하고 있다)**

• 20X1년 7월 중 취득 시 공정가치	₩100,000
• 20X1년 12월 31일 공정가치	₩150,000

	투자부동산으로 분류	유형자산으로 분류
①	변화 없음	변화 없음
②	변화 없음	₩50,000 증가
③	₩50,000 증가	변화 없음
④	₩50,000 증가	₩50,000 증가
⑤	변화 없음	₩150,000 증가

02 **주석에 대한 설명으로 옳지 않은 것은?**

① 한국채택국제회계기준에서 요구하는 정보이지만 재무제표 어느 곳에도 표시되지 않는 정보를 제공한다.
② 재무제표 어느 곳에도 표시되지 않지만 재무제표를 이해하는 데 목적적합한 정보를 제공한다.
③ 재무제표의 이해 가능성과 비교 가능성에 미치는 영향을 고려하여 실무적으로 적용 가능한 한 체계적인 방법으로 표시한다.
④ 재무제표에 첨부되는 서류로 주요 계정과목의 변동을 세부적으로 기술한 보조적 명세서이다.
⑤ 한국채택국제회계기준을 준수하였다는 사실을 적용한 유의적인 회계정책보다 먼저 표시한다.

03 B회사의 20X1년 재고자산 관련 자료는 다음과 같다. 원가기준 평균원가 소매재고법에 따른 기말재고자산 원가는?(단, 원가율 계산 시 소수점 둘째 자리에서 반올림한다)

	원가	판매가
기초재고액	₩44,500	₩70,000
당기순매입액	₩105,000	₩140,000
순인상액		₩7,000
순인하액		₩3,500
당기순매출액		₩112,000
정상적 파손		₩1,500
비정상적 파손	₩350	₩500

① ₩64,750
② ₩69,650
③ ₩70,000
④ ₩70,700
⑤ ₩71,050

04 20X1년 초 설립된 C회사의 20X1년 수정전시산표를 근거로 계산한 당기순이익은 ₩300,000이다. 다음 20X1년 중 발생한 거래의 분개에 대하여 결산수정사항을 반영하여 계산한 수정 후 당기순이익은?(단, 결산수정분개는 월 단위로 계산한다)

	기중분개	결산수정사항
3월 1일	(차) 토지 ₩1,000,000 (대) 현금 ₩1,000,000	토지는 재평가모형을 적용하며, 기말 공정가치는 ₩1,050,000임
10월 1일	(차) 선급보험료 ₩120,000 (대) 현금 ₩120,000	1년분 화재보험료를 미리 지급함
11월 1일	(차) 현금 ₩90,000 (대) 임대수익 ₩90,000	6개월분 임대료를 미리 받음
12월 1일	(차) 현금 ₩1,000,000 (대) 단기차입금 ₩1,000,000	차입 시 이자율 연 6%, 이자와 원금은 6개월 후 일괄 상환조건

① ₩180,000
② ₩205,000
③ ₩235,000
④ ₩255,000
⑤ ₩285,000

05 D회사는 20X1년 초 유형자산으로 기계장치(취득원가 ₩30,000, 잔존가치 ₩1,000, 내용연수 5년, 정액법 상각)를 취득하여 원가모형을 적용하여 평가하고 있다. 20X2년 말 동 기계장치에 심각한 손상징후가 있어 손상검사를 실시한 결과, 순공정가치는 ₩9,000, 사용가치는 ₩16,000이었다. 20X3년 말 회수가능액이 ₩13,000이라면, 20X3년 말 동 기계장치와 관련하여 인식할 손상차손 또는 손상차손환입은?

① 손상차손 ₩2,400
② 손상차손 ₩4,800
③ 손상차손 ₩5,000
④ 손상차손환입 ₩1,600
⑤ 손상차손환입 ₩2,000

06 수익의 인식을 수반하지 않는 사건을 모두 고르면?

> ㄱ. 상품을 거래처에 위탁하여 판매하였다.
> ㄴ. 이자부 채권을 매입하고 3개월이 지났으나 이자는 수취하지 못하였다.
> ㄷ. 상품을 도착지 인도기준으로 판매하기로 하고 운송선박에 선적하였다.
> ㄹ. 용역을 제공하고 용역대금으로 거래처에 대한 매입채무를 상계하였다.

① ㄱ
② ㄷ
③ ㄴ, ㄹ
④ ㄱ, ㄷ, ㄹ
⑤ ㄴ, ㄷ, ㄹ

07 F회사는 20X1년 1월 1일 액면가액이 ₩1,000,000(액면이자율 10%, 유효이자율 12%, 매년 말 이자 지급)이고, 만기가 3년인 시장성 있는 사채를 원리금 수취와 매도 목적으로 취득하였다. 20X1년 12월 31일 이 사채의 공정가치는 ₩970,000이었고, 20X2년 1월 1일 ₩974,000에 처분하였다. 이때의 금융자산처분이익은?(단, 현재가치 이자요소는 다음 표를 이용한다)

	이자율(10%)	이자율(12%)
1년	0.91	0.89
2년	0.83	0.80
3년	0.75	0.71
합계	2.49	2.40

① ₩3,000
② ₩4,000
③ ₩7,000
④ ₩9,000
⑤ ₩10,000

08 G회사는 20X1년 초 보통주 200주(주당 액면가액 ₩5,000, 주당 발행가액 ₩6,000)를 발행하였으며, 주식 발행과 관련된 직접원가 ₩80,000과 간접원가 ₩10,000이 발생하였다. 자본총액의 변동은?(단, 기초 주식할인발행차금은 없다고 가정한다)

① ₩750,000 증가
② ₩830,000 증가
③ ₩890,000 증가
④ ₩960,000 증가
⑤ ₩1,110,000 증가

09 다음은 H회사의 20X1년도 재무비율과 관련된 자료이다.

• 유동비율	250%	• 당좌비율	100%
• 자본대비 부채비율	200%	• 재고자산회전율	5회
• 유동부채	₩2,000	• 비유동부채	₩3,000

위 자료를 이용할 때 20X1년도 H회사의 매출원가와 자본은?(단, 유동자산은 당좌자산과 재고자산만으로 구성되며, 재고자산의 기초와 기말 금액은 동일하다)

	매출원가	자본
①	₩10,000	₩2,500
②	₩15,000	₩2,500
③	₩15,000	₩10,000
④	₩25,000	₩2,500
⑤	₩25,000	₩10,000

10 재무제표 요소의 측정기준에 대한 설명으로 옳지 않은 것은?

① 공정가치는 측정일 현재 동등한 자산의 원가로서 측정일에 지급할 대가와 그날에 발생할 거래원가를 포함한다.
② 역사적 원가는 자산을 취득 또는 창출할 때 발생한 원가의 가치로서 자산을 취득 또는 창출하기 위하여 지급한 대가와 거래원가를 포함한다.
③ 사용가치는 기업이 자산의 사용과 궁극적인 처분으로 얻을 것으로 기대하는 현금흐름 또는 그 밖의 경제적 효익의 현재가치이다.
④ 공정가치는 측정일에 시장참여자 사이의 정상거래에서 부채를 이전할 때 지급하게 될 가격이다.
⑤ 역사적 원가는 발생일 현재 자산의 취득 또는 창출을 위해 이전해야 하는 현금이나 그 밖의 경제적 자원의 현재가치이다.

11 I회사는 액면가액 ₩100,000, 표시이자율 연 10%(1년에 1회 이자 지급)인 사채를 이자지급일에 현금 ₩113,000을 지급하고 조기상환하였다. 이때 사채상환손실이 ₩8,000이었다면, 상환시점의 사채할인발행차금은?

① ₩1,000
② ₩2,000
③ ₩3,000
④ ₩5,000
⑤ ₩8,000

12 J회사는 20X1년 4월 1일에 K회사의 의결권 있는 주식 25%를 ₩1,000,000에 취득하였다. 취득 당시 K회사의 자산과 부채의 공정가치는 각각 ₩15,000,000, ₩12,000,000이다. K회사는 20X1년 당기순이익으로 ₩600,000을 보고하였으며, 20X2년 3월 1일에 ₩200,000의 현금배당을 지급하였다. 20X2년 9월 1일에 J회사는 K회사의 주식 전부를 ₩930,000에 처분하였을 때 처분손실은?

① ₩100,000
② ₩120,000
③ ₩140,000
④ ₩170,000
⑤ ₩200,000

13 다음은 K회사의 20X1년 1월 1일 자본계정의 내역이다.

〈자본〉

자본금(보통주, 주당 액면가액 ₩1,000)	₩3,000,000
자본잉여금	₩1,500,000
이익잉여금	₩5,500,000
자본총계	₩10,000,000

다음과 같은 거래가 발생하였을 때, K회사의 20X1년 말 재무상태표상 자본총계는?(단, 기초 주식할인발행차금은 없다)

- 4월 1일 : 증자를 결의하고 보통주 1,000주(주당 액면가액 ₩1,000)를 주당 ₩2,000에 전액 현금으로 납입받았다. 이때 신주발행비 ₩500,000은 모두 현금으로 지급하였다.
- 5월 1일 : K회사가 발행한 보통주 100주를 주당 ₩3,000에 매입하였다.
- 11월 1일 : 자기주식 전량을 주당 ₩2,000에 외부 매각하였다.
- K회사의 20X1년 당기순이익은 ₩1,000,000이며, 20X2년 3월 말 주주총회에서 보통주 1주당 0.1주의 주식배당을 결의하였다.

① ₩12,400,000
② ₩12,500,000
③ ₩12,800,000
④ ₩12,900,000
⑤ ₩13,000,000

14 L회사는 20X1년 3월 1일에 상품판매대금 ₩400,000을 만기 3개월의 어음(액면이자율 연 9%)으로 수령하였다. L회사는 5월 1일에 M은행에서 연 12%의 이자율로 동 어음을 할인하였다. 이 받을어음의 할인이 금융자산 제거조건을 충족할 때, L회사가 행할 회계처리는?(단, 이자는 월할 계산한다)

①	(차) 현금	₩401,000	(대) 매출채권	₩400,000
	금융자산처분손실	₩2,000	이자수익	₩3,000
②	(차) 현금	₩402,000	(대) 매출채권	₩400,000
	금융자산처분손실	₩2,000	이자수익	₩4,000
③	(차) 현금	₩404,800	(대) 매출채권	₩400,000
	금융자산처분손실	₩1,200	이자수익	₩6,000
④	(차) 현금	₩404,910	(대) 매출채권	₩400,000
	금융자산처분손실	₩1,090	이자수익	₩6,000
⑤	(차) 현금	₩406,000	(대) 매출채권	₩400,000
	금융자산처분손실	₩3,000	이자수익	₩9,000

15 M회사는 20X1년 초에 ₩15,000을 지급하고 항공기를 구입하였다. 20X1년 말 항공기의 감가상각누계액은 ₩1,000이며, 공정가치는 ₩16,000이다. 감가상각누계액을 전액 제거하는 방법인 재평가모형을 적용하고 있으며, 매년 말 재평가를 실시하고 있다. 20X2년 말 항공기의 감가상각누계액은 ₩2,000이며, 공정가치는 ₩11,000이다. 20X2년 말에 인식할 재평가손실은?(단, 재평가잉여금을 당해 자산을 사용하면서 이익잉여금으로 대체하는 방법은 선택하고 있지 않다)

① ₩1,000
② ₩1,500
③ ₩2,000
④ ₩2,500
⑤ ₩3,000

16 20X1년 7월 1일에 화재로 인하여 N회사의 창고에 보관 중이던 재고자산의 30%가 소실되었다. 20X1년 1월 1일부터 20X1년 7월 1일까지 발생한 관련 회계기록은 다음과 같다. 화재로 인한 N회사의 재고자산손실액은?

• 20X1년 기초재고자산	₩1,500	• 20X1년 7월 1일까지의 매입액	₩700
• 20X1년 7월 1일까지의 매출액	₩2,000	• 매출총이익률	20%

① ₩160
② ₩180
③ ₩200
④ ₩220
⑤ ₩250

17 P회사의 20X1년 기초 및 기말 재고자산가액은 다음과 같다.

	기초	기말
원재료	₩34,000	₩10,000
재공품	₩37,000	₩20,000
제품	₩10,000	₩48,000

원재료의 제조공정 투입금액은 모두 직접재료원가이고, 20X1년 중 매입한 원재료는 ₩56,000이다. 20X1년의 기본(기초)원가는 ₩320,000이고, 가공(전환)원가의 60%가 제조간접원가이다. P회사의 20X1년 매출원가는?

① ₩659,000
② ₩695,000
③ ₩799,000
④ ₩895,000
⑤ ₩959,000

18 레저용 요트를 전문적으로 생산 · 판매하고 있는 R회사는 매년 해당 요트의 주요 부품인 자동제어센서 2,000단위를 자가제조하고 있으며, 관련 원가자료는 다음과 같다.

	총원가	단위당 원가
직접재료원가	₩700,000	₩350
직접노무원가	₩500,000	₩250
변동제조간접원가	₩300,000	₩150
고정제조간접원가	₩800,000	₩400
합계	₩2,300,000	₩1,150

R회사는 최근 외부업체로부터 자동제어센서 2,000단위 전량을 단위당 ₩900에 공급하겠다는 제안을 받았다. R회사가 동 제안을 수락할 경우, 기존설비를 임대하여 연간 ₩200,000의 수익을 창출할 수 있으며, 고정제조간접원가의 20%를 회피할 수 있다. R회사가 외부업체로부터 해당 부품을 공급받을 경우, 연간 영업이익에 미치는 영향은?

① ₩0
② ₩60,000 감소
③ ₩60,000 증가
④ ₩140,000 감소
⑤ ₩140,000 증가

19 S회사는 제품 A와 B를 생산하여 제품 A 3단위와 제품 B 2단위를 하나의 묶음으로 판매하고 있다.

• 제품별 단위당 판매가격 및 변동원가

제품	단위당 판매가격	단위당 변동원가
A	₩500	₩300
B	₩800	₩700

• 고정제조간접원가 ₩600,000
• 고정판매비와 관리비 ₩360,000

손익분기점에서 제품 A와 B의 판매량은?

	제품 A	제품 B
①	2,400단위	2,400단위
②	2,400단위	3,600단위
③	3,600단위	2,400단위
④	3,600단위	3,600단위
⑤	4,200단위	2,400단위

20 다음은 종합원가계산을 적용하고 있는 T회사의 가공원가와 관련된 자료이다. 기말재공품에 포함된 가공원가를 선입선출법에 의해 계산한 금액은?(단, 가공원가는 공정 전체를 통해 균등하게 발생하며, 공손 및 감손은 발생하지 않았다)

	물량	가공원가
기초재공품(완성도 40%)	5,000단위	₩1,050,000
당기 투입량 및 발생원가	20,000단위	₩17,000,000
기말재공품(완성도 20%)	7,500단위	?

① ₩1,425,000
② ₩1,425,750
③ ₩1,500,000
④ ₩1,593,000
⑤ ₩1,593,750

공기업 회계학

제8회 최종모의고사

모바일 OMR

문항 수 : 20문항
시험시간 : 20분

정답 및 해설 p.186

01 재무상태표 작성 시 무형자산으로 분류표시되는 항목에 대한 설명으로 옳지 않은 것은?

① 내부적으로 창출한 영업권은 무형자산으로 인식하지 않는다.
② 무형자산을 상각하는 경우 상각 방법은 자산의 경제적 효익이 소비되는 방법을 반영하여 정액법, 체감잔액법, 생산량비례법 등을 선택하여 적용할 수 있다.
③ 숙련된 종업원은 미래 경제적 효익에 대한 충분한 통제능력을 갖고 있지 않으므로 무형자산의 정의를 충족시키지 못하여 재무상태표에 표시하지 않는다.
④ 영업권을 제외한 모든 무형자산은 보유기간 동안 상각하여 비용 또는 기타자산의 원가로 인식한다.
⑤ 사업결합으로 취득하는 무형자산의 취득원가는 취득일의 공정가치로 인식하고, 내부적으로 창출한 영업권은 무형자산으로 인식하지 않는다.

02 B회사는 재고자산과 관련하여 실지재고조사법을 사용하고 있으며, B회사의 창고에 실물로 보관되어 있는 재고자산에 대한 20X1년 12월 31일 현재 실사금액은 ₩1,000,000(2,000개, 단위당 ₩500)이다. 다음 자료를 고려할 경우 B회사가 20X1년 12월 31일 재무상태표에 보고할 재고자산은?

- B회사가 FOB 선적지 인도조건으로 20X1년 12월 25일에 C회사로 출하한 상품(원가 ₩100,000)이 20X1년 12월 31일 현재 운송 중에 있다.
- B회사가 위탁판매하기 위해 D회사에 20X1년 12월 10일에 적송한 상품(원가 ₩300,000) 중 30%가 20X1년 12월 31일 현재 외부고객에게 판매되었다.
- B회사가 FOB 도착지 인도조건으로 20X1년 12월 26일에 E회사로부터 외상으로 주문한 상품(원가 ₩150,000)이 20X1년 12월 31일 현재 운송 중에 있다.
- B회사가 20X1년 12월 15일에 외부고객에게 발송한 시송품(원가 ₩200,000) 중 40%가 20X1년 12월 31일 현재 외부고객으로부터 매입의사를 통보받지 못한 상태이다.

① ₩1,080,000
② ₩1,210,000
③ ₩1,290,000
④ ₩1,350,000
⑤ ₩1,440,000

03 다음 중 시산표에 의해 발견되지 않는 오류를 모두 고르면?

ㄱ. 매출채권 ₩720,000을 회수하고, 현금계정 ₩720,000을 차변 기입하고, 매출채권계정 ₩702,000을 대변 기입하다.
ㄴ. 매출채권 ₩300,000을 회수하고, 현금계정 ₩300,000을 차변 기입하고, 매출채권계정 ₩300,000을 차변 기입하다.
ㄷ. 매출채권 ₩550,000을 회수하고, 현금계정 ₩550,000을 차변 기입하고, 매출채권계정 대신 매입채무계정에 ₩550,000을 대변 기입하다.

① ㄱ
② ㄷ
③ ㄱ, ㄷ
④ ㄴ, ㄷ
⑤ ㄱ, ㄴ, ㄷ

04 D회사는 20X1년 초 지방자치단체로부터 무이자조건의 자금 ₩100,000을 차입(20X4년 말 전액 일시상환)하여 기계장치(취득원가 ₩100,000, 내용연수 4년, 잔존가치 ₩0, 정액법 상각)를 취득하는 데 전부 사용하였다. 20X1년 말 기계장치 장부가액은?[단, D회사가 20X1년 초 금전대차거래에서 부담할 시장이자율은 연 8%이고, 정부보조금을 자산의 취득원가에서 차감하는 원가(자산)차감법을 사용한다]

기간	단일금액 ₩1의 현재가치(할인율=8%)
4	0.7350

① ₩48,500
② ₩54,380
③ ₩55,125
④ ₩75,000
⑤ ₩81,625

05 재무제표 표시 중 포괄손익계산서에 대한 설명으로 옳지 않은 것은?

① 기타포괄손익의 항목(재분류조정 포함)과 관련한 법인세비용 금액은 포괄손익계산서나 주석에 공시하지 않는다.
② 기업의 재무성과를 이해하는 데 목적적합한 경우에는 당기손익과 기타포괄손익을 표시하는 보고서에 항목, 제목 및 중간합계를 추가하여 표시한다.
③ 한 기간에 인식되는 모든 수익과 비용 항목은 한국채택국제회계기준이 달리 정하지 않는 한 당기손익으로 인식한다.
④ 기업은 수익에서 매출원가 및 판매비와관리비(물류원가 등을 포함)를 차감한 영업이익(또는 영업손실)을 포괄손익계산서에 구분하여 표시한다.
⑤ 비용을 기능별로 분류하는 기업은 감가상각비, 기타 상각비와 종업원급여비용을 포함하여 비용의 성격에 대한 추가 정보를 공시한다.

06 E회사는 장기건설계약에 대하여 진행기준을 적용하고 있다. 20X1년도에 계약금액 ₩20,000의 사무실용 빌딩 건설계약을 하였다. 20X1년 말 현재 공사진행률은 30%, 당기에 인식한 공사이익의 누계액은 ₩1,500이고, 추정 총계약원가는 ₩15,000이다. 또한, 20X2년 말 현재 공사진행률은 60%, 지금까지 인식한 공사이익의 누계액은 ₩2,400이고, 추정 총계약원가는 ₩16,000이다. 20X2년도에 발생한 계약원가는 얼마인가?

① ₩4,500
② ₩5,100
③ ₩6,000
④ ₩7,100
⑤ ₩9,600

07 무상증자, 주식배당, 주식분할 및 주식병합 간의 비교로 옳지 않은 것은?

① 무상증자, 주식배당 및 주식병합의 경우 총자본은 변하지 않지만, 주식분할의 경우 총자본은 증가한다.
② 무상증자와 주식배당의 경우 자본금은 증가한다.
③ 주식배당과 주식분할의 경우 자본잉여금은 변하지 않는다.
④ 주식배당의 경우 이익잉여금이 감소하지만, 주식분할의 경우 이익잉여금은 변하지 않는다.
⑤ 무상증자, 주식배당 및 주식분할의 경우 발행주식수가 증가하지만, 주식병합의 경우 발행주식수가 감소한다.

08 다음은 G회사가 보유하고 있는 금융자산에 관한 자료이다. 20X2년 말 금융자산평가손익이 포괄손익에 미치는 영향은?(단, 기타포괄손익－공정가치측정금융자산은 중대한 영향력을 행사할 수 없다)

	20X1.5.1 취득원가	20X1.12.31 공정가치	20X2.12.31 공정가치
당기손익－공정가치측정 금융자산	₩1,200,000	₩1,100,000	₩1,400,000
기타포괄손익－공정가치측정 금융자산	₩1,000,000	₩1,500,000	₩1,700,000

① ₩200,000
② ₩300,000
③ ₩500,000
④ ₩900,000
⑤ ₩1,000,000

09 H회사의 20X1년도 자료가 다음과 같을 때, H회사의 20X1년도 자기자본순이익률은?(단, 기타포괄손익은 없다고 가정한다)

> • 자산총액 : ₩2,000억(배당으로 인해 기초와 기말 금액이 동일함)
> • 매출액순이익률 : 10%
> • 총자산회전율 : 0.5
> • 부채비율 : 300%

① 5%
② 10%
③ 15%
④ 20%
⑤ 25%

10 재무제표의 작성과 표시를 위한 개념체계에 대한 설명으로 옳지 않은 것은?

① 실무에서는 정보의 질적 특성 간의 균형 또는 상충관계를 고려할 필요가 있다.
② 이해 가능성은 이용자는 경영 및 경제활동과 회계에 대한 합리적인 지식을 가지고 있으며 관련 정보를 분석하기 위하여 합리적인 노력을 기울일 의지가 있는 것으로 가정한다.
③ 중요성은 정보의 유용성을 충족하기 위한 주된 질적 특성이라기보다는 재무제표 표시와 관련된 임계치나 판단기준으로 작용한다.
④ 개념체계와 한국채택국제회계기준이 상충되는 경우에는 개념체계가 한국채택국제회계기준보다 우선한다.
⑤ 재무정보가 특정 거래나 그 밖의 사건에 대해 나타내고자 하는 바를 충실하게 표현하기 위해서는 거래나 그 밖의 사건을 단지 법률적 형식만이 아니라 그 실질과 경제적 현실에 따라 회계처리하고 표시하여야 한다.

11 I회사는 20X1년도 초에 3년 만기, 액면가액 ₩1,000,000인 사채를 발행하였다. 액면이자율은 6%이고, 발행 당시 유효이자율은 5%이며, 이자는 매년 말에 지급하기로 하였다. I회사가 사채발행차금을 매 회계연도 말에 유효이자율법으로 상각할 경우, 다음 중 옳지 않은 것을 모두 고르면?(단, 회계기간은 1월 1일부터 12월 31일까지이다)

> ㄱ. I회사의 20X1년도 초 사채의 발행가액은 20X3년도 말 사채의 상환가액보다 크다.
> ㄴ. I회사의 20X2년도 말 사채의 장부가액은 20X1년도 말 사채의 장부가액보다 작다.
> ㄷ. I회사의 20X2년도 사채이자비용은 20X1년도 사채이자비용보다 작다.
> ㄹ. I회사의 20X2년도 사채이자비용은 20X2년도 현금이자지급액보다 크다.

① ㄴ
② ㄹ
③ ㄱ, ㄷ
④ ㄴ, ㄹ
⑤ ㄴ, ㄷ, ㄹ

12 J회사의 20X1년 및 20X2년의 법인세 회계와 관련된 자료는 다음과 같다.

		20X1년	20X2년
법인세비용차감전순이익		₩5,000,000	₩6,000,000
세무조정금액	영구적 차이	₩500,000	₩100,000
	일시적 차이	₩(700,000)	₩900,000
법인세과세소득		₩4,800,000	₩7,000,000

법인세율은 20X1년의 30%에서 20X2년의 20%로 인하되었다. 이러한 법인세율의 인하는 20X1년 11월에 발표된 세법개정안에 따른 것이며, 20X2년 이후에는 20%의 법인세율이 유지될 것으로 예상된다. 그리고 미래에 차감할 일시적 차이를 활용할 수 있는 가능성은 거의 확실한 것으로 가정한다. 이를 토대로 하여 J회사가 20X2년의 법인세비용으로 계상할 금액을 구하면 얼마인가?(단, 20X1년은 J회사의 제1기 사업연도이다)

① ₩1,220,000
② ₩1,260,000
③ ₩1,360,000
④ ₩1,650,000
⑤ ₩1,800,000

13 당기 현금흐름표상 고객으로부터의 현금유입액은 ₩54,000이고, 공급자에 대한 현금유출액은 ₩31,000이다. 포괄손익계산서상의 매출채권손상차손이 ₩500일 때, 다음 자료를 이용하여 매출총이익을 구하면 얼마인가?[단, 매출채권(순액)은 매출채권에서 손실충당금을 차감한 금액이다]

	기초	기말
매출채권(순액)	₩7,000	₩9,500
매입채무	₩4,000	₩6,000
재고자산	₩12,000	₩9,000

① ₩20,500
② ₩21,000
③ ₩25,000
④ ₩31,000
⑤ ₩35,000

14 L회사는 20X1년 6월 1일에 원가 ₩300,000의 상품을 ₩500,000에 판매하였다. 판매대금은 20X1년 6월 말부터 매월 말 ₩50,000씩 10회에 걸쳐 회수하기로 하였다. 당해 거래에서 할부매출의 명목금액과 현재가치의 차이가 중요하지 않은 경우, 20X1년의 매출총이익은?(단, 당해 거래 이외의 매출거래는 없다)

① ₩140,000
② ₩200,000
③ ₩250,000
④ ₩350,000
⑤ ₩400,000

15 M회사는 20X1년 10월 1일에 기계장치를 ₩1,200,000(내용연수 4년, 잔존가치 ₩200,000)에 취득하고, 연수합계법을 적용하여 감가상각하고 있다. 20X2년 말 포괄손익계산서와 재무상태표에 보고할 감가상각비와 감가상각누계액은?(단, 감가상각비는 월할 계산한다)

	감가상각비	감가상각누계액
①	₩375,000	₩475,000
②	₩375,000	₩570,000
③	₩450,000	₩475,000
④	₩450,000	₩570,000
⑤	₩575,000	₩575,000

16 N회사의 10월 한 달간의 상품 매입과 매출에 관한 자료는 다음과 같다. N회사는 실사법에 의해 기말재고수량을 파악하고, 원가흐름에 대한 가정으로 선입선출법을 적용한다. 10월 31일 현재 실사결과 상품재고수량은 100개로 파악되었다. N회사의 10월 31일 현재 상품재고액은?

	내역	수량	매입(또는 판매)단가	금액
10월 1일	전월이월	100개	₩1,000	₩100,000
10월 10일	매입	300개	₩1,200	₩360,000
10월 11일	매입에누리(10월 10일 매입상품)			₩30,000
10월 20일	매출	350개	₩2,000	₩700,000
10월 25일	매입	50개	₩1,300	₩65,000

① ₩65,000
② ₩75,000
③ ₩120,000
④ ₩125,000
⑤ ₩130,000

17 다음은 P회사의 20X1년 영업자료에서 추출한 정보이다. 직접노무원가가 기본원가의 50%일 경우, 당기제품제조원가는?

• 기초직접재료	₩200	• 기말직접재료	₩100
• 보험료(본사사옥)	₩200	• 보험료(공장설비)	₩100
• 감가상각비(본사사옥)	₩100	• 감가상각비(공장설비)	₩50
• 기타 제조간접원가	₩300	• 기초재공품	₩1,500
• 기말재공품	₩1,000	• 직접재료 매입액	₩500

① ₩1,850
② ₩1,950
③ ₩2,050
④ ₩2,150
⑤ ₩2,250

18 다음은 활동기준원가계산을 사용하는 제조기업인 R회사의 20X1년도 연간 활동원가 예산자료이다. 20X1년에 회사는 제품 A를 1,000단위 생산하였는데, 제품 A의 생산을 위한 활동원가는 ₩830,000으로 집계되었다. 제품 A의 생산을 위해서 20X1년에 80회의 재료이동과 300시간의 직접노동시간이 소요되었다. R회사가 제품 A를 생산하는 과정에서 발생한 기계작업시간은?

활동	활동원가	원가동인	원가동인총수량
재료이동	₩4,000,000	이동횟수	1,000회
성형	₩3,000,000	제품생산량	15,000단위
도색	₩1,500,000	직접노동시간	7,500시간
조립	₩1,000,000	기계작업시간	2,000시간

① 400시간
② 500시간
③ 600시간
④ 700시간
⑤ 800시간

19 S회사는 제품 A와 B, C를 생산 및 판매하고 있으며, 20X1년의 예산 자료는 다음과 같다.

	제품 A	제품 B	제품 C	합계
매출액	₩900,000	₩2,250,000	₩1,350,000	₩4,500,000
변동원가	₩540,000	₩1,125,000	₩810,000	₩2,475,000
고정원가	₩810,000			

예산 매출배합이 일정하게 유지된다고 가정할 경우, 제품 A의 연간 손익분기점 매출액은?

① ₩360,000
② ₩380,000
③ ₩400,000
④ ₩405,000
⑤ ₩540,000

20 T회사는 종합원가계산을 사용하며 선입선출법을 적용한다. 제품은 제1공정을 거쳐 제2공정에서 최종 완성되며, 제2공정 관련 자료는 다음과 같다.

	물량	가공비 완성도
기초재공품	500개	30%
전공정대체량	5,500개	
당기완성량	?	
기말재공품	200개	30%

제2공정에서 직접재료가 가공비 완성도 50% 시점에서 투입된다면, 직접재료비와 가공비 당기작업량의 완성품환산량은?(단, 가공비는 공정 전반에 걸쳐서 균일하게 발생하며, 제조공정의 공손 및 감손은 없다)

	직접재료비 완성품환산량	가공비 완성품환산량
①	5,300개	5,300개
②	5,800개	5,650개
③	5,800개	5,710개
④	5,800개	5,800개
⑤	6,000개	6,000개

공기업 회계학

제9회 최종모의고사

모바일 OMR

문항 수 : 20문항
시험시간 : 20분

정답 및 해설 p.190

01 A회사는 20X1년 1월 1일에 취득한 건물(취득원가 ₩1,000,000, 잔존가치 ₩0, 내용연수 20년)을 투자부동산으로 분류하였다. 동 건물에 대하여 원가모형을 적용할 경우와 공정가치모형을 적용할 경우 20X1년도 법인세비용차감전순이익에 미치는 영향의 차이(감가상각비와 평가손익 포함)를 설명한 것으로 옳은 것은?(단, 20X1년 말 동 건물의 공정가치는 ₩930,000이며, 감가상각 방법은 정액법이다)

① 법인세비용차감전순이익의 차이가 없다.
② 원가모형 적용 시 법인세비용차감전순이익이 ₩20,000 더 많다.
③ 원가모형 적용 시 법인세비용차감전순이익이 ₩30,000 더 많다.
④ 공정가치모형 적용 시 법인세비용차감전순이익이 ₩10,000 더 많다.
⑤ 공정가치모형 적용 시 법인세비용차감전순이익이 ₩30,000 더 많다.

02 B회사는 상품에 대한 단위원가 결정 방법으로 선입선출법을 이용하고 있으며, 20X1년도 상품 관련 자료는 다음과 같다. 20X1년 말 재고실사결과 3개였으며, 감모는 모두 정상적이다. 기말 현재 상품의 단위당 순실현가능가치가 ₩100일 때 B회사의 20X1년도 매출총이익은?(단, 정상적인 재고자산감모손실과 재고자산평가손실은 모두 매출원가에 포함한다)

	수량	단위당 취득원가	단위당 판매가격	금액
기초재고(1월 1일)	20개	₩120	–	₩2,400
매입(4월 8일)	30개	₩180	–	₩5,400
매출(5월 3일)	46개	–	₩300	₩13,800

① ₩6,300
② ₩6,780
③ ₩7,020
④ ₩7,260
⑤ ₩7,500

03 C회사의 20X1년 12월 31일 수정전시산표와 추가 자료는 다음과 같다. 수정분개로 옳지 않은 것을 모두 고르면?

〈수정전시산표〉

매출채권	₩200,000	선수수익	₩60,000
선급임차료	₩120,000	선급보험료	₩24,000

〈추가 자료〉

a. 20X1년 12월 31일을 기준으로 선수수익의 3분의 1에 해당하는 용역을 제공하였다.
b. 20X1년 9월 1일 1년분의 보험료를 지급하고, 선급보험료로 회계처리하였다.
c. 대금이 회수되지 않은 용역제공분 ₩6,000에 대하여 회계처리하지 않았다.
d. 6개월분의 선급임차료에 대한 거래는 20X1년 10월 1일에 발생하였다.

ㄱ. a : (차) 선수수익	₩20,000	(대) 매출	₩20,000
ㄴ. b : (차) 보험료	₩8,000	(대) 선급보험료	₩8,000
ㄷ. c : (차) 매출채권	₩6,000	(대) 용역매출	₩6,000
ㄹ. d : (차) 임차료	₩120,000	(대) 선급임차료	₩120,000

① ㄱ
② ㄹ
③ ㄱ, ㄷ
④ ㄴ, ㄹ
⑤ ㄴ, ㄷ, ㄹ

04 D회사는 20X1년 초 ₩5,000,000(잔존가치 ₩1,000,000, 내용연수 5년, 정액법 감가상각)에 건물을 취득하였다. D회사는 20X1년 말 건물을 공정가치 ₩6,300,000으로 재평가하고, 자산의 장부가액이 재평가금액과 일치하도록 감가상각누계액과 총장부가액을 비례적으로 수정하였다. D회사가 20X1년 말 재무상태표에 보고할 건물의 감가상각누계액은?

① ₩600,000
② ₩800,000
③ ₩1,200,000
④ ₩1,300,000
⑤ ₩2,100,000

05 **포괄손익계산서에 대한 설명으로 옳지 않은 것은?**

① 비용을 기능별로 분류하는 기업은 감가상각비, 기타 상각비와 종업원급여비용을 포함하여 비용의 성격에 대한 추가 정보를 공시한다.

② 재분류조정을 주석에 표시하는 경우에는 관련 재분류조정을 반영한 후에 당기손익의 항목을 표시한다.

③ 수익과 비용의 어느 항목도 당기손익과 기타포괄손익을 표시하는 보고서 또는 주석에 특별손익 항목으로 표시할 수 없다.

④ 유형자산재평가잉여금을 이익잉여금으로 대체하는 경우 그 금액은 당기손익으로 인식하지 않는다.

⑤ 수익과 비용 항목이 중요한 경우, 그 성격과 금액을 별도로 공시한다.

06 **다음은 20X1년 초에 설립된 E회사의 법인세 관련 자료이다. 20X1년 말 재무상태표에 계상될 이연법인세자산(부채)은?[단, 이연법인세자산(부채)의 인식조건은 충족된다]**

- 20X1년도 법인세비용차감전순이익이 ₩50,000이다.
- 세무조정 결과 회계이익과 과세소득의 차이로 인해 차감할 일시적 차이는 ₩10,000이고, 접대비 한도초과액은 ₩5,000이다.
- 법인세 세율은 20%이며, 차기 이후 세율변동은 없을 것으로 예상된다.

① 없음
② 이연법인세자산 ₩3,000
③ 이연법인세자산 ₩2,000
④ 이연법인세부채 ₩3,000
⑤ 이연법인세부채 ₩2,000

07 **F회사는 20X1년 초에 1주당 액면가액 ₩5,000인 보통주 140주를 액면발행하여 설립하였으며, 20X1년 말 이익잉여금이 ₩300,000이었다. 20X2년 중 발생한 자기주식 관련 거래는 다음과 같으며, 그 외 거래는 없다. F회사는 소각하는 자기주식의 원가를 선입선출법으로 측정하고 있다. 20X2년 말 자본총계는?**

- 3월 1일 자기주식 20주를 1주당 ₩4,900에 취득하였다.
- 3월 5일 자기주식 40주를 1주당 ₩5,300에 취득하였다.
- 4월 1일 자기주식 10주를 소각하였다.
- 4월 6일 자기주식 30주를 소각하였다.

① ₩390,000
② ₩690,000
③ ₩790,000
④ ₩840,000
⑤ ₩966,000

08 G회사는 20X1년 1월 1일 A주식 100주를 주당 ₩10,000에 취득하여 기타포괄손익－공정가치측정금융자산으로 분류하였으며, 20X1년 4월 1일 3년 만기 B회사채(20X1년 1월 1일 액면발행, 액면가액 ₩1,000,000, 표시이자율 연 4%, 매년 말 이자 지급)를 ₩1,010,000에 취득하여 상각후원가측정금융자산으로 분류하였다. 20X1년 말 A주식의 공정가치는 주당 ₩9,500이고, B회사채의 공정가치는 ₩1,050,000이다. G회사의 A주식과 B회사채 보유가 20X1년도 당기손익 및 기타포괄손익에 미치는 영향은?

	당기손익	기타포괄손익
①	₩30,000 증가	₩30,000 감소
②	₩30,000 증가	₩50,000 감소
③	₩30,000 증가	불변
④	₩40,000 증가	₩50,000 감소
⑤	₩40,000 감소	₩30,000 증가

09 H회사의 매출채권회전율은 8회이고, 재고자산회전율은 10회이다. 다음 자료를 이용한 H회사의 매출총이익은?(단, 재고자산회전율은 매출원가를 기준으로 한다)

	기초	기말
매출채권	₩10,000	₩20,000
재고자산	₩8,000	₩12,000

① ₩10,000
② ₩12,000
③ ₩13,000
④ ₩16,000
⑤ ₩20,000

10 재무보고를 위한 개념체계 중 부채에 대한 설명으로 옳지 않은 것은?

① 과거 사건으로 생긴 현재의 의무를 수반하더라도 금액을 추정해야 한다면 부채가 아니다.
② 부채의 특성상 의무는 정상적인 거래실무, 관행 또는 원활한 거래관계를 유지하거나 공평한 거래를 하려는 의도에서 발생할 수도 있다.
③ 부채에 있어 의무는 일반적으로 특정 자산이 인도되는 때 또는 기업이 자산획득을 위한 취소불능약정을 체결하는 때 발생한다.
④ 부채의 특성상 의무는 구속력 있는 계약이나 법규에 따라 법률적 강제력이 있을 수 있다.
⑤ 경제적 자원을 이전하는 기업의 책무나 책임은 기업 스스로 취할 수 있는 미래의 특정 행동을 조건으로 발생하기도 한다.

11 I회사는 20X1년 1월 1일에 3년 만기 사채를 발행하였다. 매년 말 액면이자를 지급하고, 유효이자율법에 따라 사채할인발행차금을 상각한다. 20X2년 말 이자와 관련된 회계처리는 다음과 같고, 이 거래가 반영된 20X2년 말 사채의 장부가액은 ₩430,000이다. 이 경우 사채의 유효이자율은?

(차) 이자비용	₩60,000	(대) 사채할인발행차금	₩30,000
		현금	₩30,000

① 14%
② 15%
③ 16%
④ 17%
⑤ 19%

12 J회사는 20X1년 1월 1일에 K회사의 지분 30%를 ₩30,600에 취득하여 유의적인 영향력을 행사하게 되었다. 20X1년 1월 1일 K회사의 장부상 순자산가액은 ₩100,000이며, 장부가액과 공정가치가 다른 항목은 다음과 같다.

	장부가액	공정가치	비고
상각자산	₩9,000	₩10,000	정액법 상각, 잔여내용연수 5년, 잔존가치 ₩0
재고자산	₩3,000	₩4,000	20X1년 중 모두 (주)A에 판매

K회사의 20X1년 당기순이익이 ₩2,200일 때, J회사가 20X1년 인식할 지분법평가이익은?

① ₩60
② ₩300
③ ₩600
④ ₩660
⑤ ₩730

13 K회사의 20X1년도 영업활동현금흐름에 영향을 미치는 재무상태표 항목의 변동사항은 다음과 같다. 20X1년도에 영업활동현금흐름이 ₩900,000 증가한 경우, 미지급비용의 증감은?

- 매출채권의 감소 ₩500,000
- 선급비용의 감소 ₩300,000
- 미지급비용의 증가(또는 감소) ?
- 선수수익의 감소 ₩100,000
- 이연법인세자산의 증가 ₩200,000

① ₩200,000 감소
② ₩200,000 증가
③ ₩400,000 감소
④ ₩400,000 증가
⑤ ₩500,000 감소

14 L회사의 매출채권과 그에 대한 미래현금흐름 추정액은 다음과 같다. 충당금설정법을 사용할 경우, 기말에 인식하여야 하는 대손상각비는?(단, 할인효과가 중요하지 않은 단기매출채권이며, 기중 대손충당금의 변동은 없다)

	기초	기말
매출채권	₩26,000	₩30,000
추정 미래현금흐름	₩24,500	₩26,500

① ₩2,000
② ₩3,000
③ ₩4,000
④ ₩5,000
⑤ ₩6,000

15 다음은 M회사의 기계장치 장부가액 자료이다.

	20X1년 기말	20X2년 기말
기계장치	₩11,000,000	₩12,500,000
감가상각누계액	(₩4,000,000)	(₩4,500,000)

M회사는 20X2년 초에 장부가액 ₩1,500,000(취득원가 ₩2,500,000, 감가상각누계액 ₩1,000,000)인 기계장치를 ₩400,000에 처분하였다. 20X2년에 취득한 기계장치의 취득원가와 20X2년에 인식한 감가상각비는?(단, 기계장치에 대해 원가모형을 적용한다)

	취득원가	감가상각비
①	₩3,000,000	₩500,000
②	₩3,000,000	₩1,500,000
③	₩4,000,000	₩1,500,000
④	₩4,000,000	₩2,000,000
⑤	₩4,500,000	₩2,500,000

16 N회사는 P회사에게 판매 위탁한 상품 중 기말 현재 판매되지 않은 상품(원가 ₩10,000)을 기말재고자산에 판매가(₩15,000)로 포함시켰다. 이로 인한 당기와 차기의 순이익에 미치는 영향으로 옳은 것은?

① 당기에만 순이익이 과대계상된다.
② 당기에만 순이익이 과소계상된다.
③ 차기에만 순이익이 과대계상된다.
④ 순이익이 당기에는 과대, 차기에는 과소계상된다.
⑤ 순이익이 당기에는 과소, 차기에는 과대계상된다.

17 다음은 P회사의 20X1년 생산 · 판매와 관련된 자료이다.

• 기초재공품	₩170,000	• 전환원가	₩2,250,000
• 기말재공품	₩320,000	• 기초제품	₩130,000
• 직접재료원가	₩830,000	• 기말제품	₩110,000
• 직접노무원가	₩750,000	• 매출액	₩3,835,000

위 자료를 이용하여 계산한 P회사의 20X1년 매출총이익은?

① ₩135,000
② ₩885,000
③ ₩905,000
④ ₩925,000
⑤ ₩965,000

18 20X1년 초에 영업을 개시한 R회사는 동 기간에 5,000단위의 제품을 생산 · 완성하였으며, 단위당 ₩1,200에 판매하고 있다. 영업활동에 관한 자료는 다음과 같다.

• 단위당 직접재료원가	₩450	• 고정제조간접원가	₩500,000
• 단위당 직접노무원가	₩300	• 고정판매관리비	₩300,000
• 단위당 변동제조간접원가	₩100		
• 단위당 변동판매관리비	₩100		

전부원가계산에 의한 영업이익이 변동원가계산에 의한 영업이익보다 ₩300,000이 많을 경우, 20X1년 판매수량은?

① 1,000단위
② 2,000단위
③ 3,000단위
④ 4,000단위
⑤ 5,000단위

19 S회사의 20X1년도 제품에 관한 자료가 다음과 같을 때 안전한계율은?

• 단위당 판매가격	₩5,000	• 공헌이익률	35%
• 총고정원가	₩140,000	• 법인세율	30%
• 세전이익	₩297,500		

① 68%
② 70%
③ 72%
④ 74%
⑤ 76%

20 종합원가계산을 실시하는 T회사는 원재료를 공정 개시시점에서 전량 투입하고, 가공비는 전공정을 통해 균일하게 발생한다. T회사가 재공품의 평가 방법으로 평균법과 선입선출법을 사용할 경우, 다음 자료를 이용하여 가공비의 당기 완성품환산량을 구하면 얼마인가?

• 기초재공품 수량	200개(완성도 40%)	• 완성품 수량	3,200개
• 착수량	3,500개	• 기말재공품 수량	500개(완성도 50%)

	평균법	선입선출법
①	3,450개	3,330개
②	3,450개	3,370개
③	3,700개	3,450개
④	3,700개	3,750개
⑤	3,850개	3,370개

공기업 회계학

제10회 최종모의고사

모바일 OMR

문항 수 : 20문항
시험시간 : 20분

정답 및 해설 p.194

01 **자산에 대한 설명으로 옳지 않은 것은?**

① 유형자산의 감가상각 방법은 적어도 매 회계연도 말에 재검토하고, 이를 변경할 경우 회계추정의 변경으로 보아 전진법으로 회계처리한다.

② 유형자산에 대해 재평가모형을 적용하는 경우 최초 재평가로 인한 장부금액의 증가액은 당기손익이 아닌 기타포괄손익으로 회계처리한다.

③ 연구개발과 관련하여 연구단계에서 발생한 지출은 당기비용으로 회계처리하고, 개발단계에서 발생한 지출은 무형자산의 인식기준을 모두 충족할 경우 무형자산으로 인식하고 그 외에는 당기비용으로 회계처리한다.

④ 투자부동산에 대해 공정가치모형을 적용하는 경우 감가상각비와 공정가치변동으로 발생하는 손익은 모두 당기손익으로 회계처리한다.

⑤ 재평가모형에 따라 재평가금액을 장부금액으로 하는 경우에는 재평가자산의 손상차손은 재평가감소액으로 회계처리한다.

02 **B회사는 20X1년도 말에 재고자산이 ₩20,000 증가하였고, 매입채무는 ₩15,000 감소되었으며, 매출채권은 ₩22,000 증가되었다. 20X1년도 매출채권현금회수액이 ₩139,500이고, 매입채무현금지급액이 ₩118,000일 때 20X1년도 매출총이익은?(단, 현금매입 및 현금매출은 없다고 가정한다)**

① ₩38,500
② ₩44,000
③ ₩48,500
④ ₩58,500
⑤ ₩78,500

03 C회사가 차입금 ₩1,000과 이자 ₩120을 현금으로 변제 및 지급하였다. 이 거래에 대한 분석으로 옳은 것은?

① (차) 자산의 증가	(대) 부채의 증가와 수익의 발생
② (차) 자산의 증가	(대) 자산의 감소와 수익의 발생
③ (차) 부채의 감소와 비용의 발생	(대) 자산의 감소
④ (차) 자산의 증가와 비용의 발생	(대) 자산의 감소
⑤ (차) 자산의 증가와 부채의 감소	(대) 비용의 발생

04 D회사는 20X1년 초에 하수처리장치를 ₩20,000,000에 구입하여 즉시 가동하였으며, 하수처리장치의 내용연수는 3년이고, 잔존가치는 없으며, 정액법으로 감가상각한다. 하수처리장치는 내용연수 종료 직후 주변 환경을 원상회복하는 조건으로 허가받아 취득한 것이며, 내용연수 종료시점의 원상회복비용은 ₩1,000,000으로 추정된다. D회사의 내재이자율 및 복구충당부채의 할인율이 연 8%일 때, 20X1년도 감가상각비는?(단, 계산결과는 가장 근사치를 선택한다)

기간	단일금액 ₩1의 현재가치(할인율=8%)	정상연금 ₩1의 현재가치(할인율=8%)
3	0.79383	2.57710

① ₩6,666,666
② ₩6,931,277
③ ₩7,000,000
④ ₩7,460,497
⑤ ₩7,525,700

05 재무제표 표시에 대한 설명으로 옳지 않은 것은?

① 재고자산에 대한 재고자산평가충당금을 차감하여 관련 자산을 순액으로 상계표시한다.
② 충당부채와 관련된 지출을 제3자와의 계약관계에 따라 보전받는 경우, 당해 지출과 보전받는 금액은 상계하여 표시할 수 있다.
③ 투자자산 및 영업용자산을 포함한 비유동자산의 처분손익은 처분대금에서 그 자산의 장부가액과 관련 처분비용을 차감하여 표시한다.
④ 외환손익 또는 단기매매 금융상품에서 발생하는 손익과 같이 유사한 거래의 집합에서 발생하는 차익과 차손이 중요한 경우에는 구분하여 표시한다.
⑤ 재무제표 표시에 있어 유사한 항목일지라도 해당 거래의 성격이나 기능이 중요하다면 구분하여 표시해야 한다.

06 **고객과의 계약에서 생기는 수익의 측정에 대한 설명으로 옳지 않은 것은?**

① 거래가격은 고객에게 약속한 재화나 용역을 이전하고 그 대가로 기업이 받을 권리를 갖게 될 것으로 예상하는 금액이며, 제3자를 대신하여 회수한 금액도 포함한다.

② 계약에서 약속한 대가에 변동금액이 포함된 경우에 고객에게 약속한 재화나 용역을 이전하고 그 대가로 받을 권리를 갖게 될 금액을 추정한다.

③ 고객이 현금 외의 형태로 대가를 약속한 계약의 경우에 거래가격을 산정하기 위하여 비현금 대가를 공정가치로 측정한다.

④ 고객에게 지급할 대가에는 기업이 고객에게 지급하거나 지급할 것으로 예상하는 현금 금액을 포함한다.

⑤ 변동대가와 관련된 불확실성이 나중에 해소될 때, 이미 인식한 누적 수익 금액 중 유의적인 부분을 되돌리지 않을 가능성이 매우 높을지를 평가할 때는 수익의 환원 가능성 및 크기를 모두 고려한다.

07 **F회사는 20X1년 1월 1일 보통주(액면가액 ₩5,000) 1,000주를 주당 ₩6,000에 발행하여 회사를 설립하고, 20X1년 7월 1일 보통주(액면가액 ₩5,000) 1,000주를 주당 ₩7,000에 발행하는 유상증자를 실시하였다. 설립과 유상증자 과정에서 주식발행이 없었다면 회피할 수 있고, 해당 거래와 직접적으로 관련된 원가 ₩500,000과 간접적으로 관련된 원가 ₩200,000이 발생하였다. F회사의 20X1년 12월 31일 재무상태표에 보고할 주식발행초과금은?**

① ₩2,000,000

② ₩2,300,000

③ ₩2,500,000

④ ₩2,800,000

⑤ ₩3,000,000

08 **G회사는 20X1년 중에 지분상품을 ₩101,000의 현금을 지급하고 취득하였다. 취득 시 지급한 현금에는 ₩1,000의 취득 관련 거래원가가 포함되어 있으며, G회사는 지분상품을 기타포괄손익−공정가치측정금융자산으로 분류하는 것을 선택하였다. G회사는 20X2년 2월 초에 지분상품 전부를 처분하였다. G회사가 20X1년도 재무제표와 20X2년도 재무제표에 상기 지분상품과 관련하여 인식할 기타포괄이익의 변동은?(단, 20X1년 말과 20X2년 2월 초 지분상품의 공정가치는 각각 ₩120,000과 ₩125,000이며, 처분 시 거래원가는 고려하지 않는다)**

	20X1년	20X2년
①	₩19,000 증가	변동 없음
②	₩19,000 증가	₩5,000 증가
③	₩20,000 증가	변동 없음
④	₩20,000 증가	₩5,000 증가
⑤	₩21,000 증가	변동 없음

09 12월 결산법인인 H회사의 20X1년도 기초 및 기말의 유동비율은 각각 200%, 150%이다. 20X1년도에 유동항목의 변화가 다음과 같을 때, 20X1년도 말 유동자산은?

• 매출채권의 증가	₩5,000	• 매입채무의 감소	₩10,000
• 미지급비용의 증가	₩8,000	• 재고자산의 감소	₩15,000

① ₩12,000
② ₩14,000
③ ₩16,000
④ ₩18,000
⑤ ₩20,000

10 한국채택국제회계기준의 재무보고를 위한 개념체계에서 규정한 유용한 재무정보의 질적 특성의 내용으로 옳지 않은 것은?

① 목적적합한 재무정보는 정보이용자의 의사결정에 차이가 나도록 할 수 있다.
② 정보이용자들이 미래 결과를 예측하기 위해 사용하는 절차의 투입요소로 재무정보가 사용될 수 있다면, 그 재무정보는 예측가치를 갖는다.
③ 중립적 서술은 재무정보의 선택이나 표시에 편의가 없는 것을 의미하는 것으로, 중립적 정보는 목적이 없고 행동에 대한 영향력이 없는 정보를 의미한다.
④ 완전한 서술은 필요한 기술과 설명을 포함하여 정보이용자가 서술되는 현상을 이해하는 데 필요한 모든 정보를 포함하는 것이다.
⑤ 하나의 경제적 현상은 여러 가지 방법으로 충실하게 표현될 수 있으나, 동일한 경제적 현상에 대해 대체적인 회계처리 방법을 허용하면 비교 가능성이 감소한다.

11 I회사는 1월 1일 액면가액 ₩50,000(액면이자율 연 8%, 이자 매년 말 후급)의 사채를 발행하고자 하였으나, 실제로 같은 해 4월 1일에 발행하였다. 1월 1일과 4월 1일의 유효이자율은 10%로 동일한 것으로 가정하며, 1월 1일 사채의 현재가치는 ₩47,513이다. 4월 1일의 현금수령액은?(단, 사채발행비는 발생되지 않았고, 사채이자는 월 단위로 계산하며, 계산금액은 소수점 첫째 자리에서 반올림한다)

① ₩42,254
② ₩43,881
③ ₩44,782
④ ₩45,550
⑤ ₩48,701

12 J회사는 20X1년 1월 1일 장기투자 목적으로 K회사의 발행주식 중 25%를 취득하였고, 이 주식에 지분법을 적용하고 있다. 취득 시점에 K회사의 순자산장부가액에 대한 J회사의 지분금액은 취득 당시 매입가격과 일치하였다. K회사는 20X1년 당기순이익으로 ₩12,000을 보고하였고, 동일 회계연도에 ₩6,000의 현금을 배당하였다. J회사의 20X1년 회계연도 말 재무상태표에 표시된 K회사에 대한 투자주식 금액이 ₩50,000이라면, J회사의 20X1년 1월 1일 K회사 주식의 취득원가는?(단, 두 기업 간 내부거래는 없었다)

① ₩48,500
② ₩50,000
③ ₩51,500
④ ₩53,000
⑤ ₩55,000

13 K회사는 내부보고 목적으로 현금기준에 따라 순이익을 산출한 후 이를 발생기준으로 수정하여 외부에 공시하고 있다. K회사의 현금기준 순이익이 ₩55,000일 경우, 다음 자료를 토대로 계산한 발생기준 순이익은?(단, 법인세 효과는 고려하지 않는다)

〈재무상태표〉	기초금액	기말금액
매출채권	₩15,000	₩20,000
매입채무	₩25,000	₩32,000
미수수익	₩10,000	₩8,000

〈포괄손익계산서〉	당기발생금액
감가상각비	₩3,000

① ₩48,000
② ₩54,000
③ ₩56,000
④ ₩59,000
⑤ ₩61,000

14 L회사는 20X1년 초에 구축물(정액법 상각)을 취득하여 사용하기 시작하였다. 구축물의 취득대금은 20X1년 초에 ₩100,000을 지급하고, 잔금 ₩200,000은 20X2년 말에 일괄 지급하기로 하였는데, 이는 일반신용기간을 초과하여 이연하는 것이다. L회사는 구축물에 대해서 내용연수 5년 경과 후 원상회복을 해야 할 법적 의무를 부담하는데, 5년 후 원상회복에 ₩30,000의 원가가 소요될 것으로 예상된다. 구축물 취득 시 유효이자율과 원상회복의무 측정 시 할인율이 모두 연 5%일 때, 구축물과 관련하여 L회사가 20X1년에 인식할 금융비용 총액은?(단, 화폐의 시간가치영향은 중요하며, 2기간과 5기간의 5% 단일금액의 현가계수는 각각 0.91과 0.78이다)

① ₩1,170
② ₩9,100
③ ₩10,270
④ ₩13,600
⑤ ₩14,900

15 M회사의 20X1년 말 현재 은행계정조정표와 관련된 자료는 다음과 같다. 은행 측은 기발행미인출수표가 누락되었음을 확인하였다. 기발행미인출수표 금액은?

- 은행의 예금잔액증명서상 금액 : ₩20,000
- M회사의 장부상 금액 : ₩17,000
- 은행의 예금잔액증명서에는 반영되어 있으나 M회사의 장부에 반영되지 않은 금액
  - 예금이자 : ₩1,000
  - 부도수표 : ₩2,000
- 은행은 N회사의 발행수표 ₩6,000을 M회사의 발행수표로 착각하여 M회사의 당좌예금계좌에서 인출하여 지급하였다.

① ₩8,000
② ₩10,000
③ ₩12,000
④ ₩14,000
⑤ ₩16,000

16 다음은 N회사의 20X1년 상품 매입 및 매출 관련 자료이다. 선입선출법을 적용할 경우, 20X1년도 기말재고자산과 매출총이익을 바르게 연결한 것은?(단, 재고자산 감모손실 및 평가손실은 발생하지 않았으며, 재고자산 수량결정은 계속기록법에 의한다)

		수량	단가
1월 1일	기초재고	20개	₩150
5월 1일	매입	30개	₩200
7월 1일	매출	25개	₩300
9월 1일	매입	20개	₩180
11월 1일	매출	25개	₩320

	기말재고자산	매출총이익
①	₩3,000	₩5,900
②	₩3,000	₩6,500
③	₩3,600	₩5,900
④	₩3,600	₩6,500
⑤	₩3,600	₩7,100

17 P회사의 20X1년 기초 및 기말 재고자산은 다음과 같다.

	기초	기말
직접재료	₩10,000	₩15,000
재공품	₩40,000	₩50,000
제품	₩40,000	₩55,000

P회사는 20X1년 중 직접재료 ₩35,000을 매입하였고, 직접노무원가 ₩45,000을 지급하였으며, 제조간접원가 ₩40,000이 발생하였다. P회사의 20X1년 당기제품제조원가는?(단, 20X1년 초 직접노무원가 선급금액은 ₩15,000이고, 20X1년 말 직접노무원가 미지급금액은 ₩20,000이다)

① ₩110,000
② ₩120,000
③ ₩125,000
④ ₩140,000
⑤ ₩150,000

18 R회사는 정상원가계산을 사용하고 있으며, 직접노무시간을 기준으로 제조간접원가를 예정배부하고 있다. R회사의 20X1년도 연간 제조간접원가 예산은 ₩600,000이고, 실제 발생한 제조간접원가는 ₩650,000이다. 20X1년도 연간 예정조업도는 20,000시간이고, 실제 직접노무시간은 18,000시간이다. R회사는 제조간접원가 배부차이를 전액 매출원가에서 조정하고 있다. 20X1년도 제조간접원가 배부차이 조정 전 매출총이익이 ₩400,000이라면, 포괄손익계산서에 인식할 매출총이익은?

① ₩290,000
② ₩360,000
③ ₩400,000
④ ₩450,000
⑤ ₩510,000

19 S회사는 세 가지 제품 A, B, C를 생산하여 4 : 3 : 3의 비중으로 판매하고 있다. 각 제품의 단위당 판매가격 및 변동원가는 다음과 같다.

제품	단위당 판매가격	단위당 변동원가
A	₩200	₩140
B	₩150	₩120
C	?	₩60

고정제조간접원가는 ₩1,700,000이고, 고정판매관리비는 ₩1,000,000이다. 만약 제품 A의 손익분기점 판매량이 24,000단위라면, 제품 C의 단위당 판매가격은?

① ₩80
② ₩100
③ ₩120
④ ₩150
⑤ ₩200

20 T회사는 종합원가계산을 적용하고 있으며, 물량흐름과 원가 관련 자료는 다음과 같다.

- 직접재료는 공정 초기에 전량 투입되며, 가공원가는 공정 전반에 걸쳐 균등하게 발생한다.
- 기초재공품 : 1,000단위(가공원가 완성도 50%)
- 당기착수량 : 4,000단위
- 당기완성품 : 3,000단위
- 기말재공품 : 가공원가 완성도 50%
- 제조원가 내역

	직접재료원가	가공원가
기초재공품원가	₩4,000	₩14,000
당기발생원가	₩20,000	₩21,000

T회사의 선입선출법에 의한 완성품 원가는?(단, 공손 및 감손은 없다)

① ₩16,000
② ₩18,350
③ ₩40,650
④ ₩43,000
⑤ ₩52,550

공기업 회계학

제11회 최종모의고사

모바일 OMR

문항 수 : 20문항
시험시간 : 20분

정답 및 해설 p.198

01 A회사의 20X2년 말 재무상태표상 순확정급여부채는?

- 20X1년 말 확정급여제도에 따라 계상해야 할 확정급여채무는 ₩300,000, 사외적립자산에 출연된 금액은 ₩290,000이다.
- 20X2년 중 퇴직한 종업원에게 지급한 퇴직금은 ₩10,000이다.
- 20X2년에 추가로 인식해야 할 확정급여채무는 ₩20,000, 사외적립자산 추가 적립액은 ₩19,000이다.
- 이자수익(비용)과 화폐의 시간가치는 고려하지 않는다.

① ₩1,000
② ₩10,000
③ ₩11,000
④ ₩15,000
⑤ ₩21,000

02 B회사의 20X1년 상품과 관련된 내용은 다음과 같다.

	기초재고	당기매입
원가	₩14,000	₩51,000
판매가	₩15,000	₩85,000

20X1년도 매출(판매가)은 ₩74,000이고, 20X1년 말 상품의 순실현가능가치는 ₩16,000이다. B회사는 상품의 원가측정 방법으로 소매재고법을 선택하였다. 원가흐름에 대한 가정으로 평균법을 적용하는 경우와 선입선출법을 적용하는 경우 각각의 평가 방법에 따른 상품평가손실액의 차이는?(단, 평가손실충당금의 기초잔액은 없는 것으로 한다)

① ₩400
② ₩600
③ ₩900
④ ₩1,000
⑤ ₩1,300

03 C회사는 20X1년 말 결산 중 다음 항목에 대한 기말수정분개가 누락된 것을 발견하였다. 누락된 기말수정분개가 20X1년 당기순이익에 미치는 영향은?(단, 기간은 월할 계산한다)

- 20X1년 7월 1일 1년치 보험료 ₩120,000을 현금 지급하고 전액 선급보험료로 처리하였다.
- 20X1년 1월 1일 자산으로 계상된 소모품 ₩200,000 중 12월 말 현재 보유하고 있는 소모품은 ₩100,000이다.
- 20X1년 3월 1일 사무실 일부를 임대하고 1년치 임대료 ₩240,000을 현금으로 수령하면서 전액 수익으로 처리하였다.

① ₩60,000 증가
② ₩60,000 감소
③ ₩100,000 증가
④ ₩200,000 감소
⑤ ₩200,000 증가

04 D회사는 보유 중인 유형자산에 대해 원가모형을 적용하고 있다. 20X1년 초 ₩100,000에 취득한 건물에 대해서 정액법(내용연수 10년, 잔존가치 ₩0)으로 감가상각하고 있다. 이 건물의 사용가치, 공정가치, 처분부대원가에 관한 자료가 다음과 같을 때, 건물에 대한 20X2년 감가상각비와 20X2년 말 장부가액은 각각 얼마인가?

	사용가치	공정가치	처분부대원가
20X1년 말	₩81,000	₩85,000	₩10,000
20X2년 말	₩64,000	₩75,000	₩3,000

	감가상각비	장부가액
①	₩9,000	₩64,000
②	₩9,000	₩72,000
③	₩9,000	₩81,000
④	₩10,000	₩72,000
⑤	₩10,000	₩80,000

05 다음 중 포괄손익계산서에서 당기순손익과 총포괄손익 간에 차이를 발생시키지 않는 항목을 모두 고르면?

ㄱ. 확정급여제도 재측정요소
ㄴ. 감자차손
ㄷ. 자기주식처분이익
ㄹ. 사채상환손실

① ㄱ
② ㄷ
③ ㄱ, ㄹ
④ ㄴ, ㄷ
⑤ ㄴ, ㄷ, ㄹ

06 E회사는 20X1년에 F회사와 컨설팅용역을 3년간 제공하기로 하는 계약을 체결하였으며, 총계약금액은 ₩5,000,000이다. E회사의 용역수익 인식은 진행기준을 적용하고 있으며, 3년 동안의 컨설팅용역과 관련된 원가 자료는 다음과 같다. E회사의 20X2년 용역이익은?

	20X1년	20X2년	20X3년
당기발생 용역원가	₩600,000	₩900,000	₩1,700,000
용역 완료 시까지 추가소요 용역원가	₩2,400,000	₩1,500,000	

① ₩600,000
② ₩975,000
③ ₩1,000,000
④ ₩1,600,000
⑤ ₩1,750,000

07 다음은 20X1년 초에 설립한 F회사의 20X2년 말 현재 자본금과 관련한 정보이다. 설립 이후 20X2년 말까지 자본금과 관련한 변동은 없었다.

- 보통주자본금 ₩100,000(액면가액 ₩500, 발행주식수 200주)
- 우선주자본금 ₩50,000(액면가액 ₩500, 발행주식수 100주)

F회사는 20X1년도에 현금배당이나 주식배당을 하지 않았으며, 20X2년도에 ₩13,000의 현금배당금 지급을 결의하였다. 우선주의 배당률은 5%이며, 우선주가 누적적 · 완전참가적이라면 우선주와 보통주에 대한 배당금은?

	우선주	보통주
①	₩3,000	₩10,000
②	₩5,000	₩8,000
③	₩6,000	₩7,000
④	₩6,500	₩6,500
⑤	₩8,000	₩5,000

08 G회사는 20X1년 초에 발행된 H회사의 사채(액면가액 ₩1,000,000)를 ₩946,800에 취득하여 기타포괄손익－공정가치측정금융자산으로 분류하였다. 20X1년 말 사채의 공정가치가 ₩960,000일 때, G회사가 인식할 기타포괄손익－공정가치측정금융자산 평가손익은?(단, 사채의 표시이자율은 연 4%로 매년 말에 지급되는 조건이며, 유효이자율은 연 6%이다)

① 평가이익 ₩13,000
② 평가이익 ₩16,808
③ 평가손실 ₩3,608
④ 평가손실 ₩5,808
⑤ 평가손실 ₩11,608

09 H회사는 20X1년 1월 1일 토지를 ₩100,000에 구입하였고, 이 토지에 재평가모형을 적용한다. 20X1년 12월 31일 이 토지를 재평가한 결과 공정가치는 ₩90,000이다. 이 재평가 회계처리에 영향을 받지 않는 재무비율을 다음에서 모두 고르면?

ㄱ. 부채 대 자본비율	ㄴ. 매출액순이익률
ㄷ. 총자산회전율	ㄹ. 당좌비율

① ㄱ
② ㄹ
③ ㄴ, ㄷ
④ ㄷ, ㄹ
⑤ ㄱ, ㄴ, ㄹ

10 재무보고를 위한 개념체계에 제시된 '측정'에 대한 설명으로 옳지 않은 것은?

① 역사적 원가와는 달리 자산이나 부채의 현행가치는 자산이나 부채를 발생시킨 거래나 그 밖의 사건의 가격으로부터 부분적으로라도 도출되지 않는다.
② 자산의 공정가치는 측정일 현재 동등한 자산의 원가로서 측정일에 지급할 대가와 그날에 발생할 거래원가를 포함한다.
③ 사용가치는 기업이 자산의 사용과 궁극적인 처분으로 얻을 것으로 기대하는 현금흐름 또는 그 밖의 경제적 효익의 현재가치이다.
④ 사용가치와 이행가치는 직접 관측될 수 없으며 현금흐름기준 측정 기법으로 결정된다.
⑤ 부채가 발생하거나 인수할 때의 역사적 원가는 발생시키거나 인수하면서 수취한 대가에서 거래원가를 차감한 가치이다.

11 I회사는 20X1년 1월 1일에 유효이자율 연 10%를 적용하여 액면가액 ₩10,000, 표시이자율 연 8%(매년 12월 31일 현금으로 이자 지급), 만기 5년인 사채를 ₩9,242에 발행하였다. I회사가 20X1년 12월 31일 현금 ₩11,000(연말에 현금으로 지급되는 이자부분은 별도로 지급하므로 동 금액에는 이자부분이 제외되어 있음)을 지급하고 동 사채를 전액 상환하였다면, 20X1년도 포괄손익계산서에 계상될 사채상환손실은?(단, I회사는 유효이자율법을 사용하고, 법인세비용은 없는 것으로 가정하며, 소수점 발생 시 소수점 첫째 자리에서 반올림한다)

① ₩800
② ₩1,000
③ ₩1,124
④ ₩1,634
⑤ ₩1,924

12 다음의 자료를 이용하여 산출한 J회사의 20X1년 말 주가이익비율(PER)은?(단, 가중평균유통보통주식수는 월할 계산한다)

> • 20X1년도 당기순이익 : ₩88
> • 20X1년 1월 1일 유통보통주식수 : 30주
> • 20X1년 7월 1일 유상증자 : 보통주 25주(주주우선배정 신주발행으로 1주당 발행가액은 ₩4이며, 이는 유상증자 권리락 직전 주당 종가 ₩5보다 현저히 낮음)
> • 20X1년 12월 31일 보통주 시가 : 주당 ₩6

① 1.5
② 2.0
③ 2.5
④ 3.0
⑤ 3.5

13 K회사는 20X1년 중 취득원가 ₩20,000인 토지를 ₩30,000에 처분하고 대금은 1년 후에 받기로 했으며, 장부가액 ₩60,000(취득원가 ₩100,000, 감가상각누계액 ₩40,000)인 건물을 현금 ₩70,000에 처분하였다. K회사의 20X1년 현금흐름표상 투자활동으로 인한 현금유입액은?

① ₩60,000
② ₩70,000
③ ₩80,000
④ ₩90,000
⑤ ₩100,000

14 L회사의 20X1년도 포괄손익계산서상 당기매출액은 ₩70,000이고, 대손상각비는 ₩15,000이다. 20X1년 동안 순매출채권 잔액이 ₩18,000 감소하였다면 L회사가 20X1년 동안 고객으로부터 수취한 현금은?

① ₩55,000
② ₩67,000
③ ₩73,000
④ ₩88,000
⑤ ₩94,000

15 토지에 대해 재평가모형을 적용하고 있는 M회사는 20X1년 초 영업에 사용할 목적으로 토지를 ₩500,000에 구입하였다. 20X1년 말 토지의 공정가치는 ₩600,000이었으며, 20X2년 말 토지의 공정가치는 ₩550,000이었다. 특히 20X2년 말에는 토지의 순공정가치와 사용가치가 각각 ₩450,000과 ₩430,000으로 토지에 손상이 발생하였다고 판단하였다. 이 토지와 관련하여 M회사가 20X2년도에 손상차손(당기손익)으로 인식할 금액은?

① ₩50,000
② ₩100,000
③ ₩150,000
④ ₩200,000
⑤ ₩250,000

16 다음은 N회사의 재고자산 관련 자료이다. 기말상품의 실사수량과 단위당 순실현가능가치는?(단, 재고자산감모손실은 실사수량과 장부상 재고수량의 차이로 인해 발생한 계정이며, 재고자산평가손실은 취득원가와 순실현가능가치의 차이로 인해 발생한 계정이다)

• 기초상품재고액(재고자산평가충당금 없음)	₩20,000
• 당기매입액	₩400,000
• 장부상 기말상품재고액(단위당 원가 ₩2,000)	₩200,000
• 재고자산감모손실	₩20,000
• 재고자산평가손실	₩18,000

	실사수량	단위당 순실현가능가치
①	80개	₩1,800
②	80개	₩2,000
③	90개	₩1,800
④	90개	₩2,000
⑤	100개	₩1,800

17 P회사의 20X1년도 생산 · 판매자료가 다음과 같을 때 기본원가는?

• 재고자산

	기초	기말
원재료	₩10,000	₩12,000
재공품	₩50,000	₩60,000
제품	₩80,000	₩96,000

• 당기 원재료 매입 ₩40,000
• 당기매출원가 ₩150,000
• 직접노무원가는 가공원가의 60%이며, 원재료는 직접재료로만 사용된다고 가정한다.

① ₩82,800
② ₩105,200
③ ₩120,800
④ ₩132,800
⑤ ₩138,000

18 R회사는 내부관리 목적으로 표준원가계산시스템을 채택하고 있고, 표준노무시간은 제품단위당 5시간이다. 제품의 실제 생산량은 2,100단위이고, 고정제조간접원가 실제 발생액은 ₩900,000이다. 이 회사는 고정제조간접원가를 노무시간을 기준으로 배부하며, 기준조업도는 10,000노무시간이다. 고정제조간접원가 예산 차이가 ₩100,000 유리하다면 조업도 차이는?

① 없음
② ₩40,000 불리
③ ₩40,000 유리
④ ₩50,000 불리
⑤ ₩50,000 유리

19 S회사는 20X1년 3월 제품 A(단위당 판매가격 ₩800) 1,000단위를 생산 · 판매하였다. 3월의 단위당 변동원가는 ₩500이고, 총고정원가는 ₩250,000이 발생하였다. 4월에는 광고비 ₩15,000을 추가 지출하면 ₩50,000의 매출이 증가할 것으로 기대하고 있다. 이를 실행할 경우 S회사의 4월 영업이익에 미치는 영향은?(단, 단위당 판매가격, 단위당 변동원가, 광고비를 제외한 총고정원가는 3월과 동일하다)

① ₩3,750 감소
② ₩3,750 증가
③ ₩15,000 감소
④ ₩15,000 증가
⑤ ₩35,000 증가

20 T회사는 하나의 공정에서 단일제품을 생산하며 선입선출법을 적용하여 완성품환산량을 계산한다. 직접재료 중 $\frac{1}{2}$은 공정 초에 투입되고, 나머지는 가공이 50% 진행된 시점부터 공정의 종점까지 공정 진행에 따라 비례적으로 투입된다. 가공원가는 공정 전반에 걸쳐 균등하게 투입된다. 검사는 공정의 60% 시점에서 실시되며, 일단 검사를 통과한 제품에 대해서는 더 이상 공손이 발생하지 않는 것으로 가정한다. 정상공손은 검사통과수량의 10%로 잡고 있다. 3월의 수량 관련 자료가 다음과 같을 때, 비정상공손수량 직접재료원가의 완성품환산량은?

	수량	가공원가 완성도
기초재공품	2,800개	30%
완성량	10,000개	
공손량	2,000개	
기말재공품	3,000개	70%

① 420개
② 430개
③ 440개
④ 450개
⑤ 460개

공기업 회계학

제12회 최종모의고사

모바일 OMR

문항 수 : 20문항
시험시간 : 20분

정답 및 해설 p.202

01 무형자산에 대한 설명으로 옳지 않은 것은?

① 내용연수가 비한정인 무형자산은 손상검사를 수행하지 않는다.
② 내부적으로 창출한 영업권은 자산으로 인식하지 아니한다.
③ 무형자산의 회계정책으로 원가모형이나 재평가모형을 선택할 수 있다.
④ 내용연수가 유한한 무형자산의 상각기간과 상각 방법은 적어도 매 회계연도 말에 검토한다.
⑤ 새로운 제품이나 용역의 홍보원가 그리고 새로운 계층의 고객을 대상으로 사업을 수행하는 데서 발생하는 원가는 무형자산의 원가에 포함하지 않는다.

02 재고자산에 대한 설명으로 옳지 않은 것은?

① 재고자산은 취득원가와 순실현가능가치 중 낮은 금액으로 측정한다.
② 재고자산의 취득원가는 매입원가, 전환원가 및 재고자산을 현재의 장소에 현재의 상태로 이르게 하는 데 발생한 기타 원가 모두를 포함한다.
③ 재료원가, 노무원가 및 기타 제조원가 중 비정상적으로 낭비된 부분은 재고자산의 취득원가에 포함할 수 없으며 발생기간의 비용으로 인식하여야 한다.
④ 표준원가법에 의한 원가측정 방법은 그러한 방법으로 평가한 결과가 실제 원가와 유사한 경우에도 사용할 수 없다.
⑤ 매입할인, 리베이트 및 기타 유사한 항목은 재고자산의 매입원가를 결정할 때 차감한다.

03 C회사의 수정후시산표상 자산, 부채, 수익, 비용, 자본금 금액이 다음과 같을 때, 기초이익잉여금은?

매출	₩120,000	현금	₩130,000
매출원가	₩100,000	재고자산	₩200,000
급여	₩50,000	매입채무	₩170,000
선급비용	₩70,000	미지급금	₩50,000
미지급비용	₩80,000	미수수익	₩50,000
자본금	₩40,000	기초이익잉여금	?

① ₩40,000
② ₩110,000
③ ₩140,000
④ ₩300,000
⑤ ₩340,000

04 유형자산과 관련된 다음 자료를 이용하여 계산된 유형자산 금액은?(단, 각 항목은 상호 독립적이다)

• 구입한 토지 위에 있는 구건물 철거비용	₩1,500,000
• 토지의 취득세	₩600,000
• 토지의 재산세	₩600,000
• 공장설비 설치 시 발생한 시운전비	₩2,000,000
• 구축물의 내용연수 종료 후 발생할 복구원가의 현재가치	₩300,000
• 신축건물 특정차입금의 자본화 차입원가	₩200,000
• 지금까지 본사 건물로 사용해 오던 건물의 철거비용	₩1,000,000
• 철거 당시 본사 건물의 미상각장부가액	₩5,000,000
• 중고자동차 취득 시 정상적 운행을 위해 지출한 수리비용	₩300,000

① ₩2,900,000
② ₩3,400,000
③ ₩4,600,000
④ ₩4,900,000
⑤ ₩5,500,000

05 **재무제표 표시에 대한 설명으로 옳지 않은 것은?**

① 재무제표의 목적은 광범위한 정보이용자의 경제적 의사결정에 유용한 기업의 재무상태, 재무성과와 재무상태변동에 관한 정보를 제공하는 것이다.
② 전체 재무제표는 적어도 1년마다 작성하므로 보고기간 종료일을 변경하는 경우라도 재무제표의 보고기간은 1년을 초과할 수 없다.
③ 재무제표의 목적을 충족하기 위하여 자산, 부채, 자본, 차익과 차손을 포함한 광의의 수익과 비용, 소유주로서의 자격을 행사하는 소유주에 의한 출자와 소유주에 대한 배분 및 현금흐름 정보를 제공한다.
④ 재무제표는 위탁받은 자원에 대한 경영진의 수탁책임 결과도 보여준다.
⑤ 재무제표의 작성과 표시에 대한 책임은 주주가 아닌 경영자에게 있다.

06 **E회사는 20X1년부터 건설계약을 체결하고 공사를 진행하였다. 계약금액은 ₩200,000, 추정총계약원가는 ₩150,000이다. 계약원가는 20X1년에 20%, 20X2년에 50%, 그리고 20X3년에 나머지가 지출될 것으로 추정되었고, 실제 발생액과 일치하였다. 20X3년에 완성된 공사는 발주자에게 즉시 인도되었다. 해당 공사와 관련하여 E회사가 20X3년에 인식할 진행기준과 완성기준에서의 이익 차이는?(단, 진행기준의 진행률은 누적발생계약원가를 기준으로 결정한다)**

① ₩15,000
② ₩20,000
③ ₩35,000
④ ₩40,000
⑤ ₩50,000

07 **F회사는 기초에는 자산이 ₩150,000, 부채는 ₩80,000이며, 기말에는 자산이 ₩175,000, 부채는 ₩70,000이었다. 당기순이익은 ₩15,000이고, 기중에 ₩5,000의 주식배당이 있었으며, 유상증자로 ₩25,000의 현금을 조달하였다. 소유주와의 다른 자본거래가 없었다면, 당기의 기타포괄손익은?**

① 기타포괄손익 ₩0
② 기타포괄손실 ₩5,000
③ 기타포괄이익 ₩5,000
④ 기타포괄손실 ₩15,000
⑤ 기타포괄이익 ₩15,000

08 G회사는 20X1년 초에 H회사의 주식 10주를 ₩300,000(주당 ₩30,000)에 취득하고 수수료 ₩20,000을 별도로 지급하였으며, 동 주식을 당기손익인식－공정가치측정금융자산으로 분류하였다. 20X1년 말 동 주식의 공정가치가 주당 ₩34,000일 때, G회사가 동 주식에 대하여 인식해야 할 평가이익은?

① ₩10,000
② ₩20,000
③ ₩30,000
④ ₩40,000
⑤ ₩50,000

09 H회사는 상품을 ₩500에 구입하면서 대금 중 ₩250은 현금으로 지급하고, 나머지는 3개월 이내에 갚기로 하였다. 이 거래 직전의 유동비율과 당좌비율이 각각 200%, 100%라고 할 때, 이 거래가 유동비율과 당좌비율에 미치는 영향으로 옳은 것은?

	유동비율	당좌비율
①	감소	감소
②	감소	변동 없음
③	변동 없음	감소
④	변동 없음	변동 없음
⑤	증가	감소

10 유용한 재무정보의 질적 특성에 대한 설명으로 옳지 않은 것은?

① 재무정보가 유용하기 위해서는 목적적합해야 하고 나타내고자 하는 바를 충실하게 표현해야 한다.
② 목적적합한 재무정보는 이용자들의 의사결정에 차이가 나도록 할 수 있다.
③ 이해 가능성은 합리적인 판단력이 있고 독립적인 서로 다른 관찰자가 어떤 서술이 표현충실성에 있어, 비록 반드시 완전히 의견이 일치하지는 않더라도 합의에 이를 수 있다는 것을 의미한다.
④ 비교 가능성, 검증 가능성, 적시성 및 이해 가능성은 목적적합성과 나타내고자 하는 바를 충실하게 표현하는 것 모두를 충족하는 정보의 유용성을 보강시키는 질적 특성이다.
⑤ 회계기준위원회는 중요성에 대한 획일적인 계량 임계치를 정하거나 특정한 상황에서 무엇이 중요한 것인지를 미리 결정할 수 없다.

11 **사채의 발행 및 발행 후 회계처리에 대한 설명으로 옳지 않은 것은?**

① 상각후원가로 측정하는 사채의 경우 사채발행비가 발생한다면 액면발행, 할인발행, 할증발행 등 모든 상황에서 유효이자율은 사채발행비가 발생하지 않는 경우보다 높다.

② 사채를 할증발행한 경우 사채이자비용은 현금이자지급액에 사채할증발행차금 상각액을 가산하여 인식한다.

③ 사채의 할증발행 시 유효이자율법에 의해 상각하는 경우 기간 경과에 따라 매기 인식하는 할증발행차금의 상각액은 증가한다.

④ 사채를 할인발행한 경우 사채이자비용은 현금이자지급액에 사채할증발행차금 상각액을 가산하여 인식한다.

⑤ 사채의 할인발행 시 유효이자율법에 의해 상각하는 경우 기간 경과에 따라 매기 인식하는 할인발행차금의 상각액은 증가한다.

12 **20X1년 1월 1일에 12월 결산법인인 J회사는 기계장치에 대해 ₩100,000을 지출하고 수선비로 회계처리하였다. 그러나 세법에 의하면 동 수선비는 자본적 지출에 해당되며, 5년에 걸쳐 균등하게 상각된다고 가정한다. J회사의 20X1년도 법인세비용차감전이익이 ₩200,000이고, 법인세율이 10%라면 20X1년도 말의 미지급법인세는?**

① ₩28,000
② ₩50,000
③ ₩80,000
④ ₩100,000
⑤ ₩200,000

13 **K회사는 지금까지 현금기준에 의해 손익계산서를 작성하여 왔는데, 앞으로는 발생기준에 의해 작성하고자 한다. 현금기준에 의한 20X1년의 수익은 ₩500,000이다. 20X1년의 기초 매출채권은 ₩30,000, 기말 매출채권은 ₩60,000, 기말 선수수익은 ₩20,000인 경우 발생기준에 의한 20X1년의 수익은?**

① ₩490,000
② ₩500,000
③ ₩510,000
④ ₩520,000
⑤ ₩530,000

14 다음은 L회사가 20X1년 12월 31일 현재 보유하고 있는 자산의 일부이다. 20X1년도 말 재무상태표에 보고되는 현금및현금성자산은?

• 회사가 보유 중인 현금	₩20,000	• 소모품	₩22,000
• 매출채권	₩15,000	• 우편환	₩10,000
• 보통예금	₩35,000	• 선급임차료	₩12,000
• 자기앞수표	₩34,000	• 당좌개설보증금	₩30,000
• 양도성예금증서(20X1년 11월 15일 취득, 취득 시 잔여만기 2개월)			₩47,000
• 회사가 발행하였으나 은행에 지급 제시되지 않은 수표			₩46,000

① ₩99,000
② ₩129,000
③ ₩146,000
④ ₩176,000
⑤ ₩192,000

15 M회사는 20X1년 초 차량 A(내용연수 4년, 잔존가치 ₩0, 감가상각 방법 연수합계법 적용)를 ₩900,000에 매입하면서 취득세 ₩90,000을 납부하였고, 의무적으로 매입해야 하는 국공채를 액면가액 ₩100,000(현재가치 ₩90,000)에 매입하였다. 차량 A를 취득한 후 바로 영업활동에 사용하였을 때, 차량 A와 관련하여 M회사가 인식할 20X2년 감가상각비는?

① ₩300,000
② ₩324,000
③ ₩400,000
④ ₩432,000
⑤ ₩468,000

16 N회사의 수정전시산표의 각 계정잔액이 다음과 같다. 매출총이익이 ₩2,000일 때, 총매입액은?

매출관련 자료		매입관련 자료		재고관련 자료	
총매출	₩11,000	총매입	?	기초재고	₩600
매출에누리	₩1,000	매입에누리	₩800	기말재고	₩500
매출운임	₩300	매입운임	₩200		

① ₩8,500
② ₩8,600
③ ₩8,700
④ ₩8,800
⑤ ₩8,900

17 20X1년 P회사의 제조와 관련된 원가가 다음과 같을 때 직접노무원가는?

• 당기제품제조원가	₩1,400,000	• 기본원가(Prime Cost)	₩1,200,000
• 가공원가(전환원가)	₩1,100,000	• 기초재공품	₩100,000
• 기말재공품	₩200,000		

① ₩400,000
② ₩500,000
③ ₩600,000
④ ₩800,000
⑤ ₩900,000

18 R회사는 수선부문과 동력부문의 두 개의 보조부문과, 도색부문과 조립부문의 두 개의 제조부문으로 구성되어 있다. R회사는 상호배부법을 사용하여 보조부문의 원가를 제조부문에 배부한다. 20X1년도 보조부문의 용역제공은 다음과 같다.

제공부문	보조부문		제조부문	
	수선	동력	도색	조립
수선(시간)	–	400	1,000	600
동력(kWh)	2,000	–	4,000	4,000

20X1년도 보조부문인 수선부문과 동력부문으로부터 도색부문에 배부된 금액은 ₩100,000이고, 조립부문에 배부된 금액은 ₩80,000이었다. 동력부문의 배부 전 원가는?

① ₩75,000
② ₩80,000
③ ₩100,000
④ ₩105,000
⑤ ₩125,000

19 S회사의 20X1년 손익분기점 매출액은 ₩120,000이었다. 20X1년 실제 발생한 총변동원가가 ₩120,000이고, 총고정원가가 ₩90,000이었다면 영업이익은?(단, 동 기간 동안 생산능력의 변동은 없다)

① ₩130,000
② ₩150,000
③ ₩190,000
④ ₩230,000
⑤ ₩270,000

20 T회사는 가중평균법을 이용한 종합원가계산을 적용하고 있다. 모든 원가는 공정 전반에 걸쳐 균등하게 발생하고, 기초재공품원가는 ₩2,000, 당기에 투입된 직접재료원가와 가공원가의 합계는 ₩10,000이다. 생산활동에 관한 자료가 다음과 같고, 완성품환산량 단위당 원가가 ₩30이라면 기말재공품의 완성도는?

	수량	완성도
기말재공품	200개	?
완성품	300개	100%

① 30%
② 35%
③ 45%
④ 50%
⑤ 55%

제13회 최종모의고사

모바일 OMR

문항 수 : 20문항
시험시간 : 20분

정답 및 해설 p.205

01 A회사는 B회사에 대한 다음의 실사 결과를 이용하여 인수를 고려하고 있다.

• 자산의 장부가치	₩4,000(공정가치 ?)	• 부채의 장부가치	₩2,500(공정가치 ₩2,500)
• 자본금	₩500	• 자본잉여금	₩300
• 이익잉여금	₩700		

만약 이 중 75%를 ₩2,000에 취득하고, 영업권 ₩500을 인식한다면 B회사의 자산 공정가치는?

① ₩3,500
② ₩4,000
③ ₩4,500
④ ₩5,000
⑤ ₩5,500

02 B회사의 재고자산 관련 자료는 다음과 같다.

	원가	판매가
기초재고액	₩1,400,000	₩2,100,000
당기매입액	₩6,000,000	₩9,800,000
매입운임	₩200,000	
매입할인	₩400,000	
당기매출액		₩10,000,000
종업원할인		₩500,000
순인상액		₩200,000
순인하액		₩100,000

B회사가 선입선출법에 의한 저가기준 소매재고법을 이용하여 재고자산을 평가하고 있을 때 매출원가는?

① ₩6,300,000
② ₩6,307,500
③ ₩6,321,150
④ ₩6,330,000
⑤ ₩6,337,500

03 12월 결산법인인 C회사의 20X1년 법인세비용차감전순이익은 ₩1,000,000이다. 그러나 확인결과 급여 미지급액 ₩100,000, 유형자산의 감가상각액 ₩100,000, 차입금 이자 미지급액 ₩50,000, 대여금 이자 미수액 ₩50,000, 외상매출금 ₩100,000을 현금으로 회수한 것에 대한 회계처리가 누락된 것으로 나타났다. 누락한 회계처리를 반영한 법인세비용차감전순이익은?

① ₩800,000
② ₩850,000
③ ₩900,000
④ ₩950,000
⑤ ₩1,000,000

04 D회사는 20X1년 1월 1일 기계장치(내용연수 5년, 잔존가치 ₩0, 정액법 상각)를 ₩1,000,000에 취득하여 사용개시하였다. D회사는 동 기계장치에 재평가모형을 적용하며, 20X2년 말 손상차손 ₩12,500을 인식하였다. 다음은 기계장치에 대한 재평가 및 손상 관련 자료이다.

	공정가치	순공정가치	사용가치
20X1년 말	₩850,000	₩800,000	₩900,000
20X2년 말	₩610,000	₩568,000	?

20X2년 말 기계장치의 사용가치는?

① ₩522,500
② ₩550,000
③ ₩568,000
④ ₩575,000
⑤ ₩597,500

05 현금흐름표에 대한 설명으로 옳지 않은 것은?

① 영업활동현금흐름은 직접법과 간접법 중 하나의 방법으로 보고한다.
② 금융회사가 아닌 다른 업종의 경우 배당금의 지급은 영업활동 또는 재무활동으로 분류할 수 있다.
③ 금융회사가 아닌 다른 업종의 경우 이자수입 및 배당금 수입은 투자활동 또는 영업활동으로 분류할 수 있다.
④ 법인세로 인한 현금흐름은 별도로 공시하지 않고 영업활동현금흐름으로 분류한다.
⑤ 신용거래가 없을 경우, 영업활동으로 인한 현금흐름과 손익계산서상의 당기순이익은 일치하여야 한다.

06 E회사는 20X1년도 장부의 마감 전에 다음과 같은 오류를 발견하였다.

> • 20X1년 1월 1일 기계장치를 취득하면서 취득세 ₩800,000을 수익적 지출로 회계처리
> • 20X1년 1월 1일 차량에 대한 일상적인 수선비 ₩400,000을 자본적 지출로 회계처리

이러한 회계처리 오류가 20X1년도 법인세비용차감전순이익에 미치는 영향은?(단, 차량 및 기계장치의 감가상각 방법은 정률법이며, 상각률은 40%로 동일하다)

① ₩160,000 과대계상
② ₩240,000 과소계상
③ ₩320,000 과대계상
④ ₩480,000 과소계상
⑤ ₩520,000 과대계상

07 20X1년 초 설립된 F회사의 20X1년 말 자본계정은 다음과 같으며, 설립 후 현재까지 자본금 변동은 없었다. 그동안 배당가능이익의 부족으로 어떠한 형태의 배당도 없었으나, 20X1년 말 배당재원의 확보로 20X2년 3월 10일 정기 주주총회에서 ₩7,500,000의 현금배당을 선언할 예정이다. F회사가 우선주에 배분할 배당금은?

	액면가액	발행주식수	자본금 총계	비고
보통주자본금	₩5,000	12,000주	₩60,000,000	배당률 3%
우선주자본금	₩10,000	3,000주	₩30,000,000	배당률 5%, 누적적 · 완전참가적

① ₩2,900,000
② ₩3,900,000
③ ₩4,500,000
④ ₩4,740,000
⑤ ₩4,900,000

08 20X1년 1월 1일 G회사는 5년 만기, 액면가액 ₩1,000,000, 액면이자율 8%(매년 말 이자 지급)의 회사채를 ₩850,000에 취득하였다. 취득 당시의 유효이자율은 10%이고, G회사는 이 회사채를 기타포괄손익－공정가치측정금융자산으로 분류하였다. 이 회사채의 20X1년 말과 20X2년 말 공정가치가 각각 ₩860,000과 ₩865,000이라고 할 때, 이 회사채의 20X2년도 포괄손익계산서상 평가손익은?

① 평가이익 ₩500
② 평가이익 ₩1,000
③ 평가이익 ₩1,500
④ 평가손실 ₩500
⑤ 평가손실 ₩1,000

09 **다음은 H회사의 외상거래와 관련된 내용이다. 20X2년도 재무제표에 미치는 영향으로 옳지 않은 것을 모두 고르면?**

H회사는 20X1년 4월 1일 계약금 명목으로 거래처로부터 ₩20,000을 수령하고, 20X2년 2월 1일 원가 ₩50,000인 제품을 ₩80,000에 외상으로 판매하였다. 외상대금 ₩60,000은 20X3년 12월 1일에 회수할 예정이다(단, 재고자산은 계속기록법을 적용한다).

ㄱ. 선수금의 감소	ㄴ. 수익의 증가
ㄷ. 비유동자산의 증가	ㄹ. 순유동자산의 증가

① ㄱ
② ㄷ
③ ㄴ, ㄹ
④ ㄷ, ㄹ
⑤ ㄱ, ㄷ, ㄹ

10 **재무보고를 위한 개념체계에 대한 설명으로 옳지 않은 것은?**

① 자본유지개념에서는 자본유지를 위해 필요한 금액을 초과하는 자산의 유입액만이 이익으로 간주될 수 있다.

② 재무자본유지개념에서의 이익은 해당 기간 동안 소유주에게 배분하거나 소유주가 출연한 부분을 제외하고 기말순자산의 재무적 측정금액(화폐금액)이 기초순자산의 재무적 측정금액(화폐금액)을 초과하는 경우에만 발생한다.

③ 재무자본유지개념이 불변구매력 단위로 정의된다면 일반물가수준에 따른 가격상승을 초과하는 자산가격의 증가 부분만이 이익으로 간주된다.

④ 재무자본유지개념은 특정한 측정기준의 적용을 요구하지 않으나, 실물자본유지개념을 사용하기 위해서는 순자산을 역사적 원가기준에 따라 측정해야 한다.

⑤ 자본유지개념은 이익이 측정되는 준거기준을 제공함으로써 자본개념과 이익개념 사이의 연결고리를 제공한다.

11 I회사는 20X1년 1월 1일에 액면가액 ₩1,000,000, 표시이자율 연 10%, 3년 만기의 사채를 유효이자율이 6개월간 8%가 되도록 발행하였다. I회사는 사채발행차금을 유효이자율법에 의하여 상각하며, 이자 지급시기는 6월 30일과 12월 31일이다. 현재가치표는 다음과 같다.

할인율	₩1의 현재가치		연금 ₩1의 현재가치	
	3기간	6기간	3기간	6기간
5%	0.864	0.746	2.723	5.076
8%	0.794	0.630	2.577	4.623
10%	0.751	0.565	2.487	4.355
16%	0.641	0.410	2.246	3.685

I회사가 20X1년 7월 1일 상기 사채 전부를 ₩900,000에 상환하였다고 할 때 사채상환손익은?

① 상환손실 ₩15,152
② 상환이익 ₩15,152
③ 상환손실 ₩19,958
④ 상환이익 ₩19,958
⑤ 상환손실 ₩23,672

12 20X1년 초에 J회사는 K회사의 보통주식 20%를 ₩1,000,000에 취득하면서 K회사에 대해 유의적인 영향력을 갖게 되었다. 20X1년 초 K회사의 순자산의 장부가액은 ₩4,500,000이었으며, 건물을 제외한 자산과 부채에 대해서는 공정가액과 장부가액이 일치하였다. 동 건물의 공정가치는 장부가액보다 ₩200,000 높게 평가되었으며, 잔존내용연수 10년, 잔존가액 ₩0, 정액법으로 감가상각하고 있다. K회사의 20X1년 순이익은 ₩100,000이다. J회사의 20X1년 재무제표상 관계기업투자주식은 얼마인가?

① ₩1,012,000
② ₩1,016,000
③ ₩1,020,000
④ ₩1,024,000
⑤ ₩1,030,000

13 K회사는 거래처에 상품을 외상으로 판매하고 액면가액 ₩5,000,000(만기 120일, 이자율 6%)인 받을어음(이자부어음)을 수령하였다. K회사가 발행일로부터 30일이 지난 후 주거래은행에 연이자율 12%의 조건으로 할인받은 경우 은행으로부터 수취할 금액은?(단, 1년의 계산기간은 360일로 처리한다)

① ₩4,800,000
② ₩4,947,000
③ ₩4,998,000
④ ₩5,048,000
⑤ ₩5,167,000

14 L회사의 재무상태표상 자본 및 추가 자료가 다음과 같을 때, 재무활동으로 인한 순현금흐름은?

〈재무상태표상 자본〉

	기초	기말
자본금	₩300,000	₩350,000
자본잉여금	₩100,000	₩132,000
이익잉여금	₩20,000	₩25,000
자기주식	(₩10,000)	–
자본총계	₩410,000	₩507,000

〈추가 자료〉

- 당기 중 유상증자(주식의 총발행가액 ₩80,000, 총액면가액 ₩50,000)가 있었다.
- 기초 보유 자기주식을 기중에 전량 ₩12,000에 처분하였다.
- 당기순이익은 ₩15,000이며, 배당금 지급 이외에 이익잉여금의 변동을 초래하는 거래는 없었다(단, 배당금 지급은 재무활동으로 인한 현금흐름으로 분류한다).

① ₩32,000
② ₩52,000
③ ₩80,000
④ ₩82,000
⑤ ₩85,000

15 M회사의 20X1년도 재고자산과 관련된 자료는 다음과 같다. 선입선출법에 의한 소매재고법을 적용할 경우 기말재고자산원가는?

	원가	소매가
기초재고	₩48,000	₩80,000
당기매입	₩120,000	₩160,000
매출	–	₩150,000

① ₩54,000
② ₩58,500
③ ₩63,000
④ ₩67,500
⑤ ₩71,000

16 N회사는 20X1년 1월 초에 기계장치를 ₩1,000,000에 구입하였다. 동 기계장치의 내용연수는 5년이고, 잔존가치는 없으며, 정액법으로 감가상각한다. N회사는 당해 기계장치에 대해 재평가모형을 적용하고 있으며, 매년도 말에 자산재평가를 한다. 20X1년 말 기계장치의 공정가치는 ₩1,040,000이다. 기계장치와 관련하여 감가상각누계액 전액 제거 방법에 의할 경우 N회사가 20X1년도에 인식할 재평가잉여금은?

① ₩40,000
② ₩100,000
③ ₩200,000
④ ₩240,000
⑤ ₩280,000

17 P회사의 20X1년 3월 매출액은 ₩302,500이며, 매출총이익률은 20%이다. 3월에 발생한 제품원가 관련 자료가 다음과 같을 때 당월 재료매입액은?

	월초	월말
재료	₩20,000	₩40,000
재공품	₩100,000	₩40,000
제품	₩90,000	₩120,000
재료매입액	?	
직접노무원가	₩70,000	
제조간접원가	₩52,000	

① ₩50,000
② ₩70,000
③ ₩90,000
④ ₩110,000
⑤ ₩212,000

18 R회사는 당기에 손톱깎이 세트 1,000단위를 생산 · 판매하는 계획을 수립하였으며, 연간 최대 조업능력은 1,200단위이다. 손톱깎이 세트의 단위당 판매가격은 ₩1,000, 단위당 변동원가는 ₩400이며, 총고정원가는 ₩110,000이다. 한편, R회사는 당기에 해외 바이어로부터 100단위를 단위당 ₩600에 구매하겠다는 특별주문을 받았으며, 이 주문을 수락하기 위해서는 단위당 ₩150의 운송원가가 추가로 발생한다. 특별주문의 수락이 R회사의 당기이익에 미치는 영향은?

① ₩5,000 감소
② ₩35,000 감소
③ ₩5,000 증가
④ ₩20,000 증가
⑤ ₩35,000 증가

19 S회사의 20X1년 제품 A의 생산 · 판매와 관련된 자료는 다음과 같다.

• 단위당 판매가격	₩25
• 단위당 변동제조원가	₩10
• 단위당 변동판매관리비	₩6
• 연간 총고정제조간접원가	₩1,500(감가상각비 ₩200 포함)
• 연간 총고정판매관리비	₩2,500(감가상각비 ₩300 포함)

S회사는 변동원가계산을 채택하고 있으며, 감가상각비를 제외한 모든 수익과 비용은 발생 시점에 현금으로 유입되고 지출된다. 법인세율이 20%일 때 S회사의 세후현금흐름분기점 판매량은?

① 180단위
② 195단위
③ 360단위
④ 375단위
⑤ 390단위

20 T회사는 선입선출법에 의한 종합원가계산을 채택하고 있으며, 당기의 생산 관련 자료는 다음과 같다.

	물량	가공비 완성도
기초재공품	1,000개	30%
당기착수량	4,300개	
당기완성량	4,300개	
공손품	300개	
기말재공품	700개	50%

원재료는 공정 초기에 전량 투입되며, 가공비는 공정 전반에 걸쳐 균등하게 발생한다. 품질검사는 가공비 완성도 40% 시점에서 이루어지며, 당기 검사를 통과한 정상품의 5%에 해당하는 공손수량은 정상공손으로 간주한다. 당기의 비정상공손수량은?

① 50개
② 85개
③ 215개
④ 250개
⑤ 270개

공기업 회계학

제14회 최종모의고사

모바일 OMR

문항 수 : 20문항
시험시간 : 20분

정답 및 해설 p.208

01 20X1년에 제품의 결함으로 인하여 피해를 입었다고 주장하는 고객이 A회사를 상대로 손해배상청구소송을 제기하였다. 법률전문가는 20X1년 재무제표가 승인되는 시점까지는 회사의 책임이 밝혀지지 않을 가능성이 높다고 조언하였다. 그러나 20X2년 말 현재 A회사에 소송이 불리하게 진행 중이며, 법률전문가는 A회사가 배상금을 지급하게 될 가능성이 높다고 조언하였다. A회사의 충당부채 또는 우발부채 인식과 관련된 설명으로 옳은 것을 모두 고르면?

ㄱ. 충당부채는 현재의 의무가 존재하고, 경제적 효익을 갖는 자원이 유출될 가능성이 높으며, 당해 금액을 신뢰성 있게 추정할 수 있을 경우에 인식한다.
ㄴ. 20X1년의 경우 현재의 의무가 없고, 배상금을 지급할 가능성이 아주 낮다고 하더라도 우발부채로 공시할 의무는 있다.
ㄷ. 20X2년 말에는 현재의 의무가 존재하고 배상금에 대한 지급 가능성이 높으므로, 배상금을 신뢰성 있게 추정할 수 있다면 충당부채를 인식해야 한다.
ㄹ. 20X2년 말에 배상금을 신뢰성 있게 추정할 수 없다면, 이를 충당부채로 인식하지 않고 우발부채로 공시한다.

① ㄱ
② ㄷ
③ ㄴ, ㄹ
④ ㄱ, ㄷ, ㄹ
⑤ ㄴ, ㄷ, ㄹ

02 다음 자료를 이용하여 계산한 B회사의 기말 매출채권 잔액은?

- 기초 매출채권은 ₩10,000이고, 당기 매출채권 현금회수액은 ₩40,000이며, 당기 현금매출액은 ₩7,000이다.
- 기초와 기말의 상품재고액은 각각 ₩16,000과 ₩22,000이며, 당기 상품매입액은 ₩32,000이다.
- 당기 매출총이익은 ₩13,000이다.

① ₩0
② ₩1,000
③ ₩2,000
④ ₩22,000
⑤ ₩35,000

03 다음의 분개장 기록 내역 중 시산표 작성을 통해 항상 자동으로 발견되는 오류만을 모두 고르면?

ㄱ. 기계장치를 ₩800,000에 처분하고, '(차) 현금 ₩800,000 (대) 기계장치 ₩80,000'으로 분개하였다.
ㄴ. 건물을 ₩600,000에 처분하고, '(차) 현금 ₩600,000 (대) 토지 ₩600,000'으로 분개하였다.
ㄷ. 토지를 ₩300,000에 처분하고, '(차) 토지 ₩300,000 (대) 현금 ₩300,000'으로 분개하였다.
ㄹ. 신입사원과 월 ₩500,000에 고용계약을 체결하고, '(차) 급여 ₩500,000 (대) 미지급비용 ₩500,000'으로 분개하였다.

① ㄱ
② ㄱ, ㄹ
③ ㄴ, ㄷ
④ ㄱ, ㄴ, ㄷ
⑤ ㄱ, ㄴ, ㄷ, ㄹ

04 D회사는 20X1년 1월 1일에 생산에 필요한 기계장치를 ₩1,000,000에 취득하면서 정부로부터 ₩100,000의 보조금을 받았다. 정부보조금은 기계장치를 1년 이상 사용한다면 정부에 상환할 의무가 없다. 취득한 기계장치의 추정내용연수는 5년이며, 잔존가치는 없고, 정액법으로 감가상각한다. D회사의 20X3년 12월 31일 재무상태표에 표시될 기계장치의 장부가액은?(단, D회사는 기계장치의 장부가액을 계산할 때, 정부보조금을 차감하여 표시한다)

① ₩360,000
② ₩400,000
③ ₩540,000
④ ₩720,000
⑤ ₩1,000,000

05 재무제표 작성과 표시의 일반원칙에 대한 설명으로 옳지 않은 것은?

① 기업은 현금흐름 정보를 제외하고는 발생기준 회계를 사용하여 재무제표를 작성한다.
② 한국채택국제회계기준에서 요구하거나 허용하지 않는 한 자산과 부채, 그리고 수익과 비용은 상계하지 아니한다.
③ 재무제표 본문에서 중요하지 않다고 판단하여 구분하여 표시하지 않은 항목은 주석에서도 구분하여 표시할 수 없다.
④ 한국채택국제회계기준이 달리 허용하거나 요구하는 경우를 제외하고는 당기 재무제표에 보고되는 모든 금액에 대해 전기 비교정보를 공시하며, 재무제표를 이해하는 데 목적적합하다면 서술형 정보의 경우에도 비교정보를 포함한다.
⑤ 수익과 비용 어느 항목도 포괄손익계산서상에 특별손익으로 구분하여 표시할 수 없으며, 주석으로 표시하는 것도 금지하고 있다.

06 **E회사는 당기에 다음과 같은 오류를 발견하고, 장부 마감 전에 이를 수정하였다. 오류 수정 전 당기순이익이 ₩100,000이라고 할 때, 오류 수정 후 당기순손익은?**

- 당기 7월 1일 수령한 선수임대료 ₩120,000을 전액 임대료수익으로 계상하였다(임대기간은 당기 7월 1일부터 차기 6월 30일까지이다).
- 당기 발생 미지급급여 ₩100,000을 누락하고 인식하지 않았다.
- 당기 발생 미수이자 ₩40,000을 누락하고 인식하지 않았다.
- FOB 도착지 인도조건으로 당기 12월 29일 선적하여 차기 1월 5일 인도예정인 상품에 대해 당기 12월 29일에 매출 ₩200,000과 매출원가 ₩150,000을 인식하였다.

① 당기순이익 ₩30,000
② 당기순이익 ₩70,000
③ 당기순이익 ₩150,000
④ 당기순손실 ₩70,000
⑤ 당기순손실 ₩150,000

07 **다음 자료를 기초로 기말자산 금액을 구하면 얼마인가?**

• 기초자산	₩3,000	• 기초부채	₩1,800
• 기말부채	₩1,900	• 기말자본	?
• 총수익	₩2,000	• 총비용	₩1,700
• 주식배당	₩50	• 현금배당	₩50

• 감자의 회계처리

(차) 자본금	₩50	(대) 현금	₩30
		감자차익	₩20

① ₩3,200
② ₩3,270
③ ₩3,300
④ ₩3,320
⑤ ₩3,470

08 G회사는 20X1년 12월 1일에 H회사의 주식을 ₩1,500,000에 취득하고 기타포괄손익－공정가치측정금융자산으로 분류하였다. 동 주식의 공정가치는 20X1년 말 ₩1,450,000이었으며, 20X2년 말 ₩1,600,000이었다. G회사가 20X3년 중에 동 주식을 ₩1,650,000에 처분하였을 경우, 20X3년의 당기순이익 및 총포괄이익에 미치는 영향은?(단, 세금 효과는 고려하지 않는다)

	당기순이익	총포괄이익
①	영향 없음	₩50,000 증가
②	₩50,000 증가	₩50,000 감소
③	₩50,000 증가	₩100,000 감소
④	₩100,000 증가	₩100,000 감소
⑤	₩150,000 증가	₩150,000 증가

09 H회사의 20X1년 말 재무비율 관련 자료가 다음과 같을 때 부채비율은?

• 유동비율	150%	• 유동부채	₩10,000
• 비유동자산	₩45,000	• 자기자본총계	₩15,000

① 200%
② 250%
③ 300%
④ 350%
⑤ 400%

10 유용한 재무정보의 질적 특성에 대한 설명으로 옳지 않은 것은?

① 목적적합성과 표현충실성이 없는 재무정보가 더 비교 가능하거나, 검증 가능하거나, 적시성이 있거나, 이해 가능하다면 유용한 정보이다.
② 보고기업에 대한 정보는 다른 기업에 대한 유사한 정보 및 해당 기업에 대한 다른 기간이나 다른 일자의 유사한 정보와 비교할 수 있다면 더욱 유용하다.
③ 재무정보가 예측가치를 갖기 위해서 그 자체가 예측치 또는 예상치일 필요는 없으며, 예측가치를 갖는 재무정보는 정보이용자가 예측하는 데 사용된다.
④ 정보가 누락되거나 잘못 기재된 경우 특정 보고기업의 재무정보에 근거한 정보이용자의 의사결정에 영향을 줄 수 있다면 그 정보는 중요한 것이다.
⑤ 목적적합하고 충실하게 표현된 재무정보는 보강적 · 질적 특성이 없더라도 유용할 수 있다.

11 I회사는 20X1년 9월 1일에 액면가액 ₩300,000의 사채(만기 5년, 액면이자율 5%, 이자지급일 매년 8월 31일)를 ₩270,000에 발행하였다. 사채 발행 시 유효이자율은 6%였다. 20X2년 12월 31일 사채의 장부가액은?

① ₩270,000
② ₩271,624
③ ₩278,000
④ ₩282,836
⑤ ₩300,000

12 다음은 J회사의 20X1년 주당이익 계산과 관련한 자료이다. J회사의 배당결의가 이미 이루어졌을 경우 기본주당이익은?

> • 기초유통보통주식수 : 800주(액면가액 ₩1,000)
> • 기초전환우선주 : 500주(액면가액 ₩1,000, 비누적적 · 비참가적)
> • 20X1년 7월 1일에 400주의 전환우선주가 400주의 보통주로 전환(기중 전환된 우선주에 대해서는 보통주 배당금 지급)
> • 당기순이익 : ₩50,000
> • 연 배당률 : 우선주 10%, 보통주 8%

① ₩30
② ₩35
③ ₩40
④ ₩62
⑤ ₩65

13 무상증자, 유상증자, 주식배당, 주식분할, 주식병합에 대한 설명으로 옳지 않은 것은?

① 무상증자는 자본금을 변동시키지 않는다.
② 유상증자는 자본금을 증가시킨다.
③ 주식배당은 발행주식수를 증가시킨다.
④ 주식분할은 발행주식수를 증가시킨다.
⑤ 주식병합으로 자본금은 변동하지 않는다.

14 L회사는 원가모형을 적용하던 기계장치를 20X1년 1월 1일에 매각하고 처분대금은 2년 후 일시불로 ₩100,000을 받기로 하였다. 매각 당시 기계장치의 취득원가는 ₩100,000, 감가상각누계액은 ₩80,000이다. 기계장치 처분대금의 명목금액과 현재가치의 차이는 중요하며, 본 거래에 적용할 유효이자율은 6%이다. 본 거래가 20X1년 L회사의 당기순이익에 미치는 영향은?(단, 2기간 6% 단일금액 ₩1의 현재가치계수는 0.89이며, 법인세 효과는 고려하지 않는다)

① ₩5,660 증가
② ₩69,000 증가
③ ₩74,340 증가
④ ₩80,000 증가
⑤ ₩83,270 증가

15 자산의 감가상각 및 상각에 대한 설명으로 옳지 않은 것은?

① 유형자산을 구성하는 일부의 원가가 당해 유형자산의 전체원가에 비교하여 유의적이라면, 해당 유형자산을 감가상각할 때 그 부분은 별도로 구분하여 감가상각한다.
② 내용연수가 유한한 무형자산의 상각기간과 상각 방법은 적어도 매 회계연도 말에 검토한다.
③ 내용연수가 비한정적인 무형자산에 대해 상각비를 인식하지 않는다.
④ 정액법을 적용하여 상각하던 기계장치가 유휴상태가 되면 감가상각비를 인식하지 않는다.
⑤ 한국채택국제회계기준은 감가상각 방법으로 정액법, 체감잔액법, 생산량비례법 등을 예시하고 있다.

16 N회사는 재고자산에 대해 가중평균법을 적용하고 있으며, 20X1년 상품거래 내역은 다음과 같다. 상품거래와 관련하여 실지재고조사법과 계속기록법을 각각 적용할 경우, 20X1년도 매출원가는?(단, 상품과 관련된 감모손실과 평가손실은 발생하지 않았다)

		수량	단가	금액
1월 1일	기초재고	100개	₩8	₩800
3월 4일	매입	300개	₩9	₩2,700
6월 20일	매출	(200개)		
9월 25일	매입	100개	₩10	₩1,000
12월 31일	기말재고	300개		

	실지재고조사법	계속기록법
①	₩1,700	₩1,750
②	₩1,750	₩1,700
③	₩1,800	₩1,700
④	₩1,800	₩1,750
⑤	₩1,850	₩1,800

17 다음은 P회사의 20X1년 중에 발생한 원가 및 비용에 관한 자료이다. 이 자료를 이용하여 기초원가와 전환원가를 구하면 얼마인가?

• 직접재료원가	₩60,000	• 간접재료원가	₩15,000
• 직접노무원가	₩15,000	• 간접노무원가	₩7,500
• 공장건물감가상각비	₩10,000	• 영업사원급여	₩12,000
• 공장수도광열비	₩7,000	• 본사비품감가상각비	₩10,500
• 공장소모품비	₩5,000	• 본사임차료	₩15,000

	기초원가	전환원가
①	₩75,000	₩59,500
②	₩75,000	₩97,000
③	₩97,500	₩44,500
④	₩97,500	₩82,000
⑤	₩105,000	₩97,000

18 R회사는 화학재료 4,000kg을 투입해서 정제공정을 거쳐 3 : 2의 비율로 연산품 A와 B를 생산하며, 분리점 이전에 발생한 결합원가는 다음과 같다.

직접재료원가	₩250,000
직접노무원가	₩120,000
제조간접원가	₩130,000
합계	₩500,000

결합제품의 kg당 판매가격은 연산품 A가 ₩40/kg이고, 연산품 B가 ₩60/kg이다. 분리점에서의 판매가치법에 따라 결합원가를 배분할 경우, 연산품 B에 배부되는 결합원가는?

① ₩250,000
② ₩350,000
③ ₩450,000
④ ₩550,000
⑤ ₩600,000

19 S회사의 공헌이익률은 30%이고, 목표 영업이익은 매출액의 16%이다. 매출액을 S, 총고정비를 F라 할 때, 목표 영업이익을 달성하기 위하여 요구되는 매출액은?

① $\frac{F}{0.14}$
② $\frac{F}{0.3}$
③ $\frac{0.14}{F}$
④ $\frac{0.25}{F}$
⑤ $\frac{0.3}{F}$

20 T회사는 가중평균법에 의한 종합원가계산시스템을 도입하고 있다. 직접재료는 공정의 초기에 전량 투입되고, 가공원가는 공정 전반에 걸쳐 균등하게 발생된다. T회사는 원가계산을 위해 다음과 같은 자료를 수집하였다.

• 직접재료원가 완성품환산량	5,000단위
• 가공원가 완성품환산량	4,400단위
• 당기완성품 수량	3,500단위

위 자료를 이용하여 계산한 기말재공품의 가공원가 완성도는?

① 50%
② 60%
③ 70%
④ 80%
⑤ 90%

공기업 회계학

제15회 최종모의고사

모바일 OMR

문항 수 : 20문항
시험시간 : 20분

정답 및 해설 p.211

01 A회사는 차세대 통신기술 연구개발을 위해 다음과 같이 지출하였다.

	20X1년	20X2년
연구단계	₩100,000	₩100,000
개발단계	–	₩600,000

20X2년 개발단계 지출액 ₩600,000은 무형자산 인식기준을 충족하였으며, 동년 7월 1일에 개발이 완료되어 사용하기 시작하였다. 동 무형자산은 원가모형을 적용하며, 정액법(내용연수 10년, 잔존가치 ₩0)으로 상각한다. 회수가능액이 20X2년 말 ₩500,000이라고 할 때, 결산 시 인식할 손상차손은?(단, 상각비는 월할 계산한다)

① ₩40,000
② ₩70,000
③ ₩100,000
④ ₩260,000
⑤ ₩300,000

02 B회사의 기말재고자산 현황은 다음과 같다. 품목별 저가법을 적용할 경우 기말재고자산 금액은?(단, 원재료 A를 투입하여 제품 A가 생산되고, 원재료 B를 투입하여 제품 B가 생산된다)

	취득원가	순실현가능가치
원재료 A	₩100,000	₩80,000
제품 A	₩130,000	₩120,000
원재료 B	₩80,000	₩70,000
제품 B	₩110,000	₩120,000

① ₩370,000
② ₩375,000
③ ₩380,000
④ ₩385,000
⑤ ₩390,000

03 **C회사의 20X1년 말 소모품 재고액은 ₩50,000이다. C회사는 20X2년 중에 소모품 ₩100,000어치를 현금으로 구입하고, 이를 소모품비로 회계처리하였다. 20X2년 말에 소모품 재고를 실사한 결과 ₩70,000의 소모품이 남아 있음을 확인하였다. 이와 관련하여 20X2년 말의 결산수정분개로 옳은 것은?**

① (차) 소모품	₩20,000		(대) 소모품비	₩20,000
② (차) 소모품비	₩20,000		(대) 소모품	₩20,000
③ (차) 소모품	₩30,000		(대) 소모품비	₩30,000
④ (차) 소모품비	₩30,000		(대) 소모품	₩30,000
⑤ (차) 소모품	₩50,000		(대) 소모품비	₩50,000

04 **D회사는 20X1년 1월 2일에 토지를 ₩500,000에 취득하여 재평가모형을 적용하고 있다. 토지의 공정가치가 20X1년 말과 20X2년 말에 각각 ₩460,000과 ₩550,000일 때, 20X2년 말 토지 재평가 결과가 20X2년도 포괄손익계산서에 미치는 영향은?**

	당기순이익	기타포괄이익
①	₩0	₩90,000 증가
②	₩40,000 감소	₩50,000 증가
③	₩40,000 증가	₩50,000 증가
④	₩50,000 증가	₩40,000 증가
⑤	₩90,000 증가	₩0

05 **재무제표 표시에 대한 설명으로 옳지 않은 것은?**

① 보고기간 말 이전에 장기차입약정을 위반했을 때 대여자가 즉시 상환을 요구할 수 있는 채무는 보고기간 후 재무제표 발행승인일 전에 채권자가 약정위반을 이유로 상환을 요구하지 않기로 합의하더라도 유동부채로 분류한다.

② 기타포괄손익의 항목(재분류조정 포함)과 관련한 법인세비용 금액은 포괄손익계산서나 주석에 공시한다.

③ 비용의 성격별 분류는 기능별 분류보다 재무제표 이용자에게 더욱 목적적합한 정보를 제공할 수 있지만, 비용을 성격별로 배분하는 데 자의적인 배분과 상당한 정도의 판단이 개입될 수 있다.

④ 재분류조정은 포괄손익계산서나 주석에 표시할 수 있으며, 재분류조정을 주석에 표시하는 경우에는 관련 재분류조정을 반영한 후에 기타포괄손익의 항목을 표시한다.

⑤ 비용은 빈도, 손익의 발생 가능성 및 예측 가능성의 측면에서 서로 다를 수 있는 재무성과의 구성요소를 강조하기 위해 세분류로 표시하며, 성격별로 분류하거나 기능별로 분류하여 표시한다.

06 E회사는 20X1년 1월 1일에 도로건설계약(공사기간 : 20X1.1.1~20X3.12.31)을 체결하고 공사를 진행하였다. 총계약수익은 ₩300,000이며, 이 도로를 건설하는 데 필요한 총계약원가는 ₩200,000으로 추정되었다. 당해 건설계약에서 실제로 발생한 누적계약원가가 다음과 같을 때, 20X2년에 인식할 계약이익은?(단, 진행률은 실제 발생한 누적계약원가를 추정총계약원가로 나눈 비율로 계산한다)

	20X1년	20X2년	20X3년
누적계약원가	₩50,000	₩130,000	₩200,000

① ₩10,000
② ₩20,000
③ ₩30,000
④ ₩40,000
⑤ ₩50,000

07 F회사는 20X1년 1월 1일 영업을 시작하였으며, 20X2년 말 현재 자본금 계정은 다음과 같다.

• 보통주(주당 액면가액 ₩5,000, 발행주식수 80주)	₩400,000
• 우선주 A(배당률 10%, 비누적적 · 비참가적 : 주당 액면가액 ₩5,000, 발행주식수 40주)	₩200,000
• 우선주 B(배당률 5%, 누적적 · 완전참가적 : 주당 액면가액 ₩5,000, 발행주식수 80주)	₩400,000

모든 주식은 영업개시와 동시에 발행하였으며, 그 이후 아직 배당을 한 적이 없다. 20X3년 초 ₩100,000의 배당을 선언하였다면, 우선주 B 소유주에게 배분할 배당금은?

① ₩20,000
② ₩40,000
③ ₩50,000
④ ₩70,000
⑤ ₩80,000

08 G회사는 20X1년 초 채무상품 A를 ₩950,000에 취득하고, 상각후원가측정금융자산으로 분류하였다. 채무상품 A로부터 매년 말 ₩80,000의 현금이자를 수령하며, 취득일 현재 유효이자율은 10%이다. 채무상품 A의 20X1년 말 공정가치는 ₩980,000이며, 20X2년 초 해당 채무상품 A의 50%를 ₩490,000에 처분하였을 때 G회사가 인식할 처분손익은?

① 처분손익 ₩0
② 처분손실 ₩7,500
③ 처분손실 ₩15,000
④ 처분이익 ₩7,500
⑤ 처분이익 ₩15,000

09 **H회사는 20X1년 초 액면가 ₩5,000인 보통주 200주를 주당 ₩15,000에 발행하여 설립되었다. 다음은 H회사의 20X1년 중 자본거래이다.**

• 20X1년 10월 1일 주가 안정을 위해 보통주 100주를 주당 ₩10,000에 취득 • 20X1년 당기순이익 ₩1,000,000

경영진은 20X2년 초 부채비율(총부채÷주주지분) 200%를 160%로 낮추기 위한 방안을 실행하였다. 20X2년 초 실행된 방안으로 옳은 것은?

① 자기주식 50주를 소각
② 자기주식 50주를 주당 ₩15,000에 처분
③ 보통주 50주를 주당 ₩10,000에 유상증자
④ 이익잉여금 ₩750,000을 재원으로 주식배당
⑤ 주식발행초과금 ₩750,000을 재원으로 무상증자

10 **재무제표 요소에 대한 설명으로 옳지 않은 것은?**

① 자산은 과거사건의 결과로 기업이 통제하는 현재의 경제적 자원이다.
② 부채는 과거사건의 결과로 기업이 경제적 자원을 이전해야 하는 현재의 의무이다.
③ 수익은 자본청구권 보유자로부터의 출자를 포함하며, 자본청구권 보유자에 대한 분배는 비용으로 인식한다.
④ 기업이 발행한 후 재매입하여 보유하고 있는 채무상품이나 지분상품은 기업의 경제적 자원이 아니다.
⑤ 자본청구권은 기업의 자산에서 모든 부채를 차감한 후의 잔여지분에 대한 청구권이다.

11 **I회사는 20X1년 4월 1일 사채(표시이자율 10%, 만기 3년, 액면가액 ₩100,000)를 ₩95,200에 발행하였다. 한편, 사채의 발행과 관련된 사채발행비 ₩2,000이 발생하였다. I회사가 사채의 발행으로 만기까지 인식해야 할 이자비용 총액은?**

① ₩30,000
② ₩34,800
③ ₩35,200
④ ₩36,800
⑤ ₩39,200

12 J회사의 20X1년도 법인세 관련 자료가 다음의 표와 같을 때 전기이월 일시적 차이가 없다면 J회사의 20X1년도 법인세비용은?(단, 가산할 일시적 차이는 20X3년에 소멸될 예정이며, 기타의 차이는 일시적 차이가 아니다. 20X1년도 과세소득에 적용할 법인세율은 25%이나, 세법이 개정되어 20X2년부터 적용할 세율은 20%이다)

법인세비용차감전순이익	₩10,000
가산할 일시적 차이	₩(2,000)
기타의 차이	₩1,000
과세소득	₩9,000

① ₩930
② ₩1,024
③ ₩2,250
④ ₩2,450
⑤ ₩2,650

13 L회사는 회수불능채권에 대하여 대손충당금을 설정하고 있으며, 기말 매출채권 잔액의 1%가 회수 불가능할 것으로 추정하고 있다. 다음 자료를 이용하여 L회사가 20X2년 포괄손익계산서에 인식할 대손상각비는?

• 매출채권, 대손충당금 장부상 자료

	20X1년 말	20X2년 말
매출채권	₩900,000	₩1,000,000
대손충당금	₩9,000	?

• 20X2년 중 매출채권 대손 및 회수 거래
- 1월 10일 : M회사의 매출채권 ₩5,000이 회수 불가능한 것으로 판명
- 3월 10일 : N회사의 매출채권 ₩2,000이 회수 불가능한 것으로 판명
- 6월 10일 : 1월 10일에 대손처리되었던 M회사의 매출채권 ₩1,500 회수

① ₩1,000
② ₩6,500
③ ₩8,000
④ ₩10,000
⑤ ₩12,000

14 자본에 영향을 미치는 거래를 모두 고르면?

ㄱ. 정기 주주총회에서 10%의 현금배당을 결의하다.
ㄴ. 임차한 건물에 대한 임차료를 현금으로 지급하다.
ㄷ. 창고에 화재가 발생하여 보관 중인 상품 중 일부가 소실되다.
ㄹ. 기계장치를 구입하고, 대금 중 절반은 현금으로 지급하고 잔액은 외상으로 하다.

① ㄴ
② ㄱ, ㄷ
③ ㄴ, ㄹ
④ ㄱ, ㄴ, ㄷ
⑤ ㄴ, ㄷ, ㄹ

15 M회사는 20X1년 1월 1일 기계장치를 ₩100,000에 취득하여 원가모형(잔존가치 ₩10,000, 내용연수 6년, 정액법 월할 상각)으로 평가하고 있다. 20X2년 1월 1일 M회사는 기계장치의 생산능력 증대를 위해 ₩5,000을 지출하였고, 이러한 지출로 인해 기계장치의 잔존내용연수와 잔존가치 변동은 없다. M회사가 20X3년 4월 1일 기계장치를 ₩65,000에 처분하였다면, 동 기계장치와 관련하여 인식할 기계장치처분손익은?

① 기계장치처분이익 ₩1,250
② 기계장치처분손실 ₩1,250
③ 기계장치처분손실 ₩5,000
④ 기계장치처분손실 ₩9,000
⑤ 기계장치처분손실 ₩11,000

16 다음은 20X1년 12월 31일 현재 N회사의 재고자산과 관련한 자료이다. 재무상태표에 표시되는 재고자산의 금액은?

• 매입을 위해 운송 중인 상품 : ₩250(FOB 선적지 기준 ₩150, FOB 도착지 기준 ₩100)
• 시송품 중 매입의사가 표시되지 않은 상품 : 판매가 ₩260(원가에 대한 이익률 30%)
• 적송품 중 판매되지 않은 상품 : ₩300
• 창고재고 : ₩1,000원(수탁상품 ₩100 포함)

① ₩1,550
② ₩1,610
③ ₩1,710
④ ₩1,750
⑤ ₩1,810

17 다음 자료를 토대로 계산한 당기총제조원가와 당기제품제조원가는?

• 기초직접재료재고액	₩15,000	• 당기직접재료매입액	₩50,000
• 기말직접재료재고액	₩10,000	• 직접노무원가 발생액	₩25,000
• 제조간접원가 발생액	₩40,000	• 기초재공품재고액	₩30,000
• 기말재공품재고액	₩21,000	• 기초제품재고액	₩15,000
• 기말제품재고액	₩30,000		

	당기총제조원가	당기제품제조원가
①	₩110,000	₩120,000
②	₩120,000	₩111,000
③	₩120,000	₩129,000
④	₩129,000	₩114,000
⑤	₩131,000	₩111,000

18 R회사는 20X1년도에 설립되었고, 당해 연도에 A제품 25,000단위를 생산하여 20,000단위를 판매하였다. R회사의 20X1년도 A제품 관련 자료가 다음과 같을 때, 전부원가계산과 변동원가계산에 의한 20X1년도 기말재고자산의 차이는?

• 단위당 판매가격	₩250	• 단위당 변동제조원가	₩130
• 단위당 변동판매관리비	₩30	• 총고정제조원가	₩1,000,000
• 총고정판매비와관리비	₩500,000		

① ₩50,000
② ₩200,000
③ ₩250,000
④ ₩350,000
⑤ ₩400,000

19 S회사의 6월 제품 판매가격과 원가구조는 다음과 같다. S회사가 세전순이익 ₩4,000을 달성하기 위한 6월 매출액은?(단, 판매량은 생산량과 동일하며, 법인세율은 30%이다)

• 제품단위당 판매가격	₩5	• 공헌이익률	20%
• 고정원가	₩10,000		

① ₩60,000
② ₩70,000
③ ₩80,000
④ ₩90,000
⑤ ₩100,000

20 T회사는 종합원가계산을 적용하고 있으며, 제품 생산을 위해 재료 A와 재료 B를 사용하고 있다. 재료 A는 공정 초기에 전량 투입되고, 재료 B는 공정의 60% 시점에 전량 투입되며, 가공원가는 공정 전반에 걸쳐서 균등하게 발생한다. 당기 제조활동과 관련된 자료가 다음과 같을 때, 선입선출법을 적용하여 계산한 당기 완성품원가는?(단, 공손과 감손은 발생하지 않았다)

	물량자료	재료 A	재료 B	가공원가
기초재공품	400단위 (완성도 20%)	₩120,000	₩0	₩42,300
당기착수	1,600단위	₩512,000	₩259,000	₩340,200
당기완성	1,400단위			
기말재공품	600단위 (완성도 50%)			

① ₩856,200
② ₩877,300
③ ₩1,010,700
④ ₩1,016,400
⑤ ₩1,018,500

공기업 회계학

제16회 최종모의고사

모바일 OMR

문항 수 : 20문항
시험시간 : 20분

정답 및 해설 p.215

01 충당부채와 우발부채에 대한 설명으로 옳은 것을 모두 고르면?

ㄱ. 충당부채는 지출의 시기 또는 금액이 불확실한 부채이다.
ㄴ. 충당부채로 인식하기 위해서는 현재 의무가 존재하여야 할 뿐만 아니라 당해 의무를 이행하기 위해 경제적 효익이 내재된 자원의 유출 가능성이 높아야 한다.
ㄷ. 현재 의무를 이행하기 위한 자원의 유출 가능성은 높으나 신뢰성 있는 금액의 추정이 불가능한 경우에는 우발부채로 공시한다.
ㄹ. 충당부채와 우발부채 모두 재무상태표에 인식하지 않고 주석으로 공시한다.

① ㄴ
② ㄹ
③ ㄱ, ㄷ
④ ㄱ, ㄴ, ㄷ
⑤ ㄱ, ㄴ, ㄷ, ㄹ

02 B회사는 재고자산에 대해 계속기록법과 가중평균법을 적용한다. 다음 자료를 이용하여 계산한 B회사의 매출원가는?

		수량	단가
1월 1일	기초재고	150개	₩10
2월 1일	매입	150개	₩12
3월 1일	매출	100개	
6월 1일	매입	200개	₩15
9월 1일	매출	300개	
12월 31일	기말재고	100개	

① ₩3,670
② ₩4,000
③ ₩4,670
④ ₩5,000
⑤ ₩5,670

03 다음은 기업에서 발생한 사건들을 나열한 것이다. 이 중 회계상의 거래에 해당되는 것을 모두 고르면?

> ㄱ. 현금 ₩50,000,000을 출자하여 회사를 설립하였다.
> ㄴ. 원재료 ₩30,000,000을 구입하기로 계약서에 날인하였다.
> ㄷ. 종업원 3명을 고용하기로 하고 근로계약서를 작성하였다. 계약서에는 월급여액과 상여금액을 합하여 1인당 ₩2,000,000으로 책정하였다.
> ㄹ. 회사 사무실 임대계약을 하고 보증금 ₩100,000,000을 송금하였다.

① ㄱ, ㄷ
② ㄱ, ㄹ
③ ㄴ, ㄹ
④ ㄴ, ㄷ, ㄹ
⑤ ㄱ, ㄴ, ㄷ, ㄹ

04 D회사는 20X4년 3월 1일 사용 중이던 기계장치를 E회사의 신형 기계장치와 교환하면서 ₩4,000의 현금을 추가로 지급하였다. D회사가 사용하던 기계장치는 20X1년에 ₩41,000에 취득한 것으로 교환 당시 감가상각누계액은 ₩23,000이고, 공정가치는 ₩21,000이다. 한편, 교환시점에 E회사의 신형 기계장치의 공정가치는 ₩26,000이다. 동 교환거래가 상업적 실질이 있으며, D회사가 사용 중이던 기계장치의 공정가치가 더 명백한 경우 D회사가 교환거래로 인해 인식할 처분손익은?

① 처분손실 ₩3,000
② 처분손실 ₩4,000
③ 처분이익 ₩1,000
④ 처분이익 ₩3,000
⑤ 처분이익 ₩4,000

05 재무제표 표시에 대한 설명으로 옳지 않은 것은?

① 경영진은 청산 또는 경영활동의 중단 외에 다른 현실적 대안이 없는 경우가 아니면 계속기업을 전제로 재무제표를 작성한다.
② 한국채택국제회계기준에서 요구하거나 허용하지 않는 한 자산과 부채 그리고 수익과 비용은 상계하지 아니한다.
③ 당기 재무제표를 이해하는 데 목적적합하다면 서술형 정보의 경우에도 비교정보를 제공하여야 한다.
④ 수익과 비용 항목은 당기손익과 기타포괄손익을 표시하는 보고서나 주석에 특별손익 항목을 별도로 표시할 수 있다.
⑤ 부적절한 회계정책이라면 공시나 주석 또는 보충 자료를 통해서도 정당화될 수 없다.

06 E회사는 20X1년 1월 1일 기계장치를 ₩1,550에 취득하고 연수합계법(잔존가치 ₩50, 내용연수 5년)으로 감가상각하였다. 20X3년 1월 1일 현재 동 기계장치의 감가상각 방법을 정액법으로 변경하고, 잔존내용연수를 20X7년 말까지인 5년으로 변경하였다. 잔존가치의 변동이 없다고 할 경우 E회사가 20X3년 포괄손익계산서에 인식할 감가상각비와 재무상태표에 인식할 감가상각누계액은?

	감가상각비	감가상각누계액
①	₩100	₩900
②	₩100	₩1,000
③	₩120	₩1,020
④	₩120	₩1,120
⑤	₩120	₩1,200

07 다음은 F회사의 20X1년도 기초와 기말 재무상태표의 금액이다.

	20X1년 기초	20X1년 기말
자산총계	₩5,000	₩7,000
부채총계	₩2,500	₩3,400

F회사는 20X1년 중에 ₩300의 유상증자와 ₩100의 무상증자를 각각 실시하였으며, 현금배당 ₩200을 지급하였다. 20X1년도 당기에 유형자산 관련 재평가잉여금이 ₩80만큼 증가한 경우 F회사의 20X1년도 포괄손익계산서상 당기순이익은?(단, 재평가영여금의 변동 외에 다른 기타자본요소의 변동은 없다)

① ₩820
② ₩900
③ ₩920
④ ₩980
⑤ ₩1,000

08 G회사는 20X1년 중에 H회사의 지분상품을 ₩80,000에 취득하고, 이를 기타포괄손익－공정가치측정금융자산으로 분류하였다. 이 지분상품의 20X1년 말, 20X2년 말 공정가치는 각각 ₩70,000, ₩110,000이다. G회사가 20X3년에 이 지분상품을 ₩90,000에 모두 처분하였을 경우 처분손익은?(단, 거래원가는 없다)

① 처분손익 ₩0
② 처분손실 ₩10,000
③ 처분손실 ₩20,000
④ 처분이익 ₩10,000
⑤ 처분이익 ₩20,000

09 **유동비율이 300%, 당좌비율이 150%인 기업이 상품을 ₩2,000,000에 구입하고 대금 중 ₩1,000,000은 받을어음을 배서양도하고, 나머지 금액에 대해서는 약속어음을 발행하여 지급하였다. 유동비율과 당좌비율에 미치는 영향으로 바르게 짝지어진 것은?**

	유동비율	당좌비율
①	변동 없음	변동 없음
②	변동 없음	감소
③	감소	감소
④	증가	감소
⑤	감소	증가

10 **재무보고를 위한 개념체계에 대한 설명으로 옳지 않은 것은?**

① 재무제표 요소의 인식이란 재무제표 요소의 정의에 부합하고 인식기준을 충족하는 항목을 재무상태표나 포괄손익계산서에 반영하는 과정을 말한다.

② 일반목적재무보고의 목적은 현재 및 잠재적 투자자, 대여자 및 기타 채권자가 기업에 자원을 제공하는 것에 대한 의사결정을 할 때 유용한 보고기업 재무정보를 제공하는 것이다.

③ 비교 가능성, 검증 가능성, 중요성 및 적시성은 목적적합하고 충실하게 표현된 정보의 유용성을 보강해 주는 질적 특성이다.

④ 부채의 의무는 정상적인 거래실무, 관행 또는 원활한 거래관계를 유지하거나 공평한 거래를 하려는 의도에서 발생할 수도 있다.

⑤ 재무정보의 예측가치와 확인가치는 상호 연관되어 있어 예측가치를 갖는 정보는 확인가치도 갖는 경우가 많다.

11 **I회사는 20X1년 1월 1일에 사채(표시이자율 10%, 만기 3년, 액면가액 ₩100,000, 이자 후급)를 ₩95,200에 발행하였다. 20X1년 이자비용이 ₩11,400 발생하였을 경우, 20X1년 말 사채의 장부가액은?**

① ₩95,200
② ₩96,600
③ ₩98,600
④ ₩101,400
⑤ ₩103,600

12 J회사의 20X1회계연도 보통주에 귀속되는 당기순이익이 ₩1,000,000일 때 20X1년 12월 31일 결산일 현재 기본주당이익을 산출하기 위한 가중평균유통보통주식수는?(단, 가중평균유통보통주식수는 월할 계산한다)

	내용	주식수
20X1년 1월 1일	기초	12,000주
20X1년 3월 1일	유상증자	3,000주
20X1년 7월 1일	자기주식 취득	3,000주
20X1년 9월 1일	유상증자	6,000주

① 9,000주
② 15,000주
③ 18,000주
④ 21,000주
⑤ 25,000주

13 K회사의 20X1년 중 발생한 거래는 다음과 같다.

- 20X1년 7월 1일 만기 1년의 정기예금에 현금 ₩100,000을 예치하였다. 정기예금의 연이자율은 4%이며, 만기시점에 이자를 받는다.
- 종업원에 대한 급여는 매월 말에 지급했으나, 20X1년 12월 급여 ₩1,000은 20X1년 12월 31일에 지급하지 않고 20X2년 1월 3일에 지급하였다.
- 20X1년 11월 1일에 창고를 6개월간 임대하고, 1개월에 ₩1,000씩 6개월 임대료 ₩6,000을 현금으로 받아 수익으로 처리하였다.

20X1년에 발생한 기중 거래 및 결산 수정사항을 반영하여 발생기준과 현금기준으로 회계처리하였을 때, 20X1년 당기순이익에 각각 미치는 영향은?

	발생기준	현금기준
①	₩3,000 증가	₩0
②	₩3,000 감소	₩0
③	₩3,000 증가	₩6,000 증가
④	₩3,000 감소	₩6,000 증가
⑤	₩0	₩6,000 증가

14 다음 자료를 토대로 계산한 L회사의 정확한 당좌예금 잔액은?

• L회사의 조정 전 당좌예금 계정 잔액	₩12,200
• 은행 예금잔액증명서상 잔액	₩12,500
• L회사에서 발행하였으나 은행에서 미인출된 수표	₩2,000
• L회사에서 입금처리하였으나 은행에서 미기록된 예금	₩700
• L회사에서 회계처리하지 않은 은행수수료	₩500
• 타회사가 부담할 수수료를 L회사에 전가한 은행의 오류	₩200
• L회사에서 회계처리하지 않은 이자비용	₩300

① ₩10,700
② ₩11,400
③ ₩13,400
④ ₩14,100
⑤ ₩16,200

15 20X1년 1월 1일 M회사는 당사의 기계장치 X를 N회사의 기계장치 Y와 교환하고, M회사는 N회사로부터 현금 ₩100,000을 수령하였다. 각 회사의 기계장치의 장부가액과 공정가치에 대한 정보는 다음과 같다.

	기계장치 X	기계장치 Y
장부가액	₩400,000	₩300,000
공정가치	₩700,000	₩600,000

기계장치 X와 기계장치 Y의 교환거래가 상업적 실질이 있는 경우와 상업적 실질이 없는 경우 각각에 대하여 M회사가 교환으로 취득한 기계장치 Y의 취득원가를 구하면 얼마인가?

	상업적 실질이 있는 경우	상업적 실질이 없는 경우
①	₩300,000	₩600,000
②	₩500,000	₩200,000
③	₩600,000	₩300,000
④	₩700,000	₩400,000
⑤	₩700,000	₩500,000

16 N회사의 20X1년 재고자산과 매입채무 T계정을 통해 매입채무회전율을 구하면 얼마인가?

〈재고자산〉

기초재고	₩600,000	매출원가	₩5,150,000
X	?	기말재고	₩400,000
	₩5,550,000		₩5,550,000

〈매입채무〉

현금	₩5,030,000	기초매입채무	₩700,000
기말매입채무	₩620,000	Y	?
	₩5,650,000		₩5,650,000

- 재고자산 매입거래는 모두 외상거래이다.
- 재고자산은 계속기록법을 적용한다.
- 재고자산회전율과 매입채무회전율의 분모 계산 시 기초와 기말의 평균값을 이용한다.

① 3.5
② 5.5
③ 7.5
④ 8.5
⑤ 9.5

17 P회사는 실제원가계산을 적용하고 있으며, 20X1년 1월의 월초 및 월말 재고자산 금액은 다음과 같다.

	직접재료	재공품	제품
1월 초	₩25,000	₩30,000	₩40,000
1월 말	₩15,000	₩20,000	₩25,000

1월 중에 가공원가는 ₩230,000이 발생하였으며, 재공품계정의 차변합계 금액은 ₩330,000이었다. 20X1년 1월의 직접재료 구입액과 매출원가는 각각 얼마인가?

	직접재료 구입액	매출원가
①	₩60,000	₩325,000
②	₩60,000	₩350,000
③	₩65,000	₩325,000
④	₩65,000	₩350,000
⑤	₩70,000	₩325,000

18 R회사는 개별원가계산제도를 사용하고 있으며, 직접노무비를 기준으로 제조간접비를 예정배부하고 있다. 20X1년 6월의 제조원가 관련 정보가 다음과 같을 때, 과소 또는 과대 배부된 제조간접비는?

- 직접노무비와 제조간접비에 대한 예산은 각각 ₩200,000과 ₩250,000이다.
- 직접재료비 ₩520,000과 직접노무비 ₩180,000이 발생되었다.
- 실제 발생한 총제조간접비는 ₩233,000이다.

① ₩5,000 ② ₩6,000
③ ₩7,000 ④ ₩8,000
⑤ ₩10,000

19 S회사는 20X1년 초에 설립되어 단일제품을 생산·판매할 예정이며, 20X1년도 원가 관련 자료는 다음과 같이 예상된다.

• 연간 총고정원가	₩30,000	• 단위당 변동원가	₩40

S회사는 20X1년 동안 1,000개의 제품을 생산하여 전량 판매할 것으로 예상하며, 이를 통해 법인세차감후 순이익 ₩12,000을 실현하려고 한다. 단위당 판매가격은 얼마가 되어야 하는가?(단, 법인세율은 40%이며, 재공품은 없다)

① ₩90 ② ₩100
③ ₩110 ④ ₩120
⑤ ₩130

20 T회사는 종합원가계산을 사용하고 있으며, 가중평균법을 적용하여 완성품환산량을 계산하고 있다. 회사의 기초제품 수량은 25,000개, 당기 판매량은 20,000개, 기말제품 수량은 15,000개이다. 기초재공품 수량은 1,000개(완성도 70%), 기말재공품 수량은 5,000개(완성도 50%)일 때, 회사의 당기 가공원가에 대한 완성품환산량은?(단, 가공원가는 공정 전반에 걸쳐 균등하게 발생한다)

① 10,000개 ② 12,500개
③ 13,500개 ④ 15,000개
⑤ 17,500개

공기업 회계학

제17회 최종모의고사

모바일 OMR

문항 수 : 20문항
시험시간 : 20분

정답 및 해설 p.218

01 다음 중 회계정책의 변경에 해당하는 것을 모두 고르면?

ㄱ. 유형자산 감가상각 방법을 정액법에서 정률법으로 변경
ㄴ. 투자부동산 평가 방법을 원가모형에서 공정가치모형으로 변경
ㄷ. 재고자산 측정 방법을 선입선출법에서 평균법으로 변경
ㄹ. 영업권에 대해 정액법 상각에서 손상모형으로 변경

① ㄴ
② ㄱ, ㄷ
③ ㄴ, ㄹ
④ ㄴ, ㄷ, ㄹ
⑤ ㄱ, ㄴ, ㄷ, ㄹ

02 20X1년 말 화재로 인하여 B회사의 재고자산이 모두 소실되었다. 다음 자료를 이용하여 기말재고자산의 장부가액을 추정하면 얼마인가?(단, 화재 이외의 원인으로 인한 재고자산평가손실과 재고자산감모손실은 없고, 총자산회전율은 기초총자산을 기준으로 계산된 것이다)

• 기초재고자산	₩400,000	• 당기매입액	₩3,700,000
• 기초총자산	₩2,000,000	• 총자산회전율	2회
• 매출총이익률	20%		

① ₩500,000
② ₩600,000
③ ₩700,000
④ ₩800,000
⑤ ₩900,000

03 C회사의 20X1년 12월 31일 수정전잔액시산표의 차변합계와 대변합계는 각각 ₩3,000,000이었다. 다음의 사항을 반영한 C회사의 수정후잔액시산표의 차변합계는?

• 선급임차료의 소멸	₩200,000
• 건물감가상각비(감가상각누계액 설정법)	₩450,000
• 미지급급여	₩250,000
• 당기손익인식금융자산평가이익	₩150,000

① ₩3,650,000
② ₩3,850,000
③ ₩3,900,000
④ ₩4,050,000
⑤ ₩4,100,000

04 D회사가 사용하는 기계장치의 20X1년 말 장부가액은 ₩3,500(취득원가 ₩6,000, 감가상각누계액 ₩2,500, 원가모형 적용)이다. 20X1년 말 동 기계장치의 진부화로 가치가 감소하여 순공정가치는 ₩1,200, 사용가치는 ₩1,800으로 추정되었다. D회사가 20X1년 인식할 기계장치 손상차손은?

① ₩1,200
② ₩1,700
③ ₩1,800
④ ₩2,000
⑤ ₩2,300

05 상품매매기업이 비용의 기능별 분류법에 따라 단일의 포괄손익계산서를 작성하는 경우 최소한 표시해야 할 항목이 아닌 것은?

① 법인세비용
② 매출원가
③ 금융원가
④ 특별손실
⑤ 기타포괄손익

06 E회사의 20X2년 법인세비용차감전순이익은 ₩30,000이다. 20X1년 말 이연법인세부채는 ₩2,000이며, 20X2년 말 현재 장래의 과세소득을 증가시키는 가산할 일시적 차이는 ₩10,000이다. 법인세율은 매년 30%로 일정하고, 법인세에 부가되는 세액은 없다고 가정한다. 20X2년 법인세부담액이 ₩7,000일 경우, E회사의 20X2년 당기순이익과 20X2년 말 이연법인세자산(부채)은?

	당기순이익	이연법인세자산(부채)
①	₩22,000	이연법인세부채 ₩3,000
②	₩22,000	이연법인세자산 ₩3,000
③	₩24,000	이연법인세부채 ₩3,000
④	₩24,000	이연법인세자산 ₩3,000
⑤	₩26,000	이연법인세부채 ₩3,000

07 F회사는 20X1년 12월 말에 주당 액면가액 ₩5,000인 보통주 1,000주를 주당 ₩10,000에 발행(유상증자)하였으며, 주식인쇄비 등 주식발행과 관련된 비용이 ₩1,000,000 발생하였다. 유상증자 직전에 F회사의 자본에는 주식할인발행차금의 미상각잔액이 ₩1,500,000 존재하였다. 이 거래와 관련하여 F회사가 20X1년 말에 보고할 주식발행초과금은?

① ₩2,500,000
② ₩5,000,000
③ ₩7,000,000
④ ₩9,000,000
⑤ ₩10,000,000

08 G회사는 20X1년 초 타사 발행 사채 A(액면가액 ₩500,000, 액면이자율 연 8%, 유효이자율 연 10%, 이자 매년 말 후급)를 ₩460,000에 취득하고, 이를 기타포괄손익－공정가치측정금융자산으로 분류하였다. 사채 A의 20X1년 기말 공정가치는 ₩520,000이며, 20X2년 초 사채 A의 50%를 ₩290,000에 처분하였다. 사채 A와 관련하여 G회사가 인식할 20X1년 평가이익과 20X2년 처분이익은?

	평가이익	처분이익
①	₩54,000	₩30,000
②	₩54,000	₩57,000
③	₩60,000	₩30,000
④	₩60,000	₩57,000
⑤	₩74,000	₩37,000

09 H회사의 20X1년도 재무자료는 다음과 같다. 다음 설명 중 옳은 것은?

• 매출액	₩50,000,000	• 당기순이익	₩2,500,000
• 기말유동자산	₩2,000,000	• 기말유동부채	₩1,500,000
• 기말재고자산	₩500,000	• 주당순이익	₩10,000
• 현금배당	주당 ₩5,000	• 주식의 기말 시가	주당 ₩25,000

① 주가이익비율(PER)은 250%이다.
② 배당수익률은 500%이다.
③ 당좌비율은 133%이다.
④ 매출액순이익률은 2,000%이다.
⑤ 배당성향은 200%이다.

10 측정기준에 대한 설명으로 옳지 않은 것은?

① 현행가치는 자산의 손상이나 손실부담에 따른 부채와 관련되는 변동을 제외하고는 가치의 변동을 반영하지 않는다.
② 부채의 현행원가는 측정일 현재 동등한 부채에 대해 수취할 수 있는 대가에서 그날에 발생할 거래원가를 차감한다.
③ 사용가치와 이행가치는 미래현금흐름에 기초하기 때문에 자산을 취득하거나 부채를 인수할 때 발생하는 거래원가는 포함하지 않는다.
④ 자산의 현행원가는 측정일 현재 동등한 자산의 원가로서 측정일에 지급할 대가와 그날에 발생할 거래원가를 포함하여 측정한다.
⑤ 이행가치는 기업이 부채를 이행할 때 이전해야 하는 현금이나 그 밖의 경제적 자원의 현재가치이다.

11 I회사는 20X1년 1월 1일에 액면가액 ₩10,000, 만기 3년, 표시이자율 8%, 이자지급일이 매년 12월 31일인 사채를 ₩9,503에 할인발행하였다. 이 사채를 20X2년 1월 1일에 ₩9,800을 지급하고 조기상환할 때, 사채상환손익은?(단, 발행일의 유효이자율은 10%이고, 소수점 발생 시 소수점 첫째 자리에서 반올림한다)

① 사채상환손실 ₩18
② 사채상환손실 ₩147
③ 사채상환이익 ₩18
④ 사채상환이익 ₩147
⑤ 사채상환이익 ₩209

12 J회사는 20X1년 1월 1일 K회사의 발행주식 40%를 ₩800,000에 취득하여 지분법으로 평가하고 있다. 20X1년 1월 1일 K회사의 순자산 장부가액은 ₩1,500,000이었으며, K회사의 건물 장부가액은 공정가치보다 ₩300,000 과소평가되었다. 과소평가된 건물의 잔존내용연수는 6년, 정액법으로 감가상각된다고 가정한다. K회사의 20X1년 당기순이익은 ₩100,000, 20X2년 당기순이익은 ₩200,000일 경우 20X2년 12월 31일 J회사가 보고할 관계기업투자주식은 얼마인가?

① ₩800,000
② ₩820,000
③ ₩880,000
④ ₩920,000
⑤ ₩940,000

13 K회사의 20X1년 12월 31일의 재무상태표상의 자본은 보통주자본금 ₩100,000(주식수 100주, 주당 액면가액 ₩1,000), 주식발행초과금 ₩30,000, 이익잉여금 ₩50,000으로 구성되어 있다. 20X2년의 자본과 관련된 거래내역이 다음과 같을 때, 자기주식처분손익은?(단, 자기주식에 대하여 원가법을 적용하고, 기초 자기주식처분손익은 없다)

- 3월 10일 : 주주에게 보통주 1주당 0.1주의 주식배당을 결의하였다.
- 3월 31일 : 3월 10일에 결의한 주식배당을 실시하였다.
- 4월 9일 : 자기주식 10주를 주당 ₩2,100에 취득하였다.
- 6월 13일 : 4월 9일 취득한 자기주식 4주를 주당 ₩2,200에 매각하였다.
- 8월 24일 : 4월 9일 취득한 자기주식 6주를 주당 ₩1,700에 매각하였다.

① 자기주식처분이익 ₩1,000
② 자기주식처분이익 ₩2,000
③ 자기주식처분손실 ₩1,000
④ 자기주식처분손실 ₩2,000
⑤ 자기주식처분손익 ₩0

14 L회사의 20X1년 초 매출채권은 ₩100,000이며, 대손충당금은 ₩10,000이었다. 그리고 L회사의 20X1년도 상품매출은 ₩1,000,000이며, 상품의 하자로 인한 매출에누리가 ₩20,000이었다. 또한 20X1년 중 고객으로부터의 판매대금 회수금액은 ₩700,000이었으며, 대손확정액은 ₩5,000이었다. 20X1년 말 매출채권 손상에 대해 평가를 한 결과 미래현금흐름의 현재가치가 ₩290,000으로 추정될 때, L회사가 당기비용으로 인식할 대손상각비는?

① ₩70,000
② ₩75,000
③ ₩80,000
④ ₩85,000
⑤ ₩90,000

15 M회사는 유형자산에 대하여 재평가모형을 사용하고 있으며, 토지를 20X1년 초 ₩1,000,000에 취득하였다. 20X1년 말 재평가 결과 토지의 공정가치는 ₩900,000이었고, 20X2년 말 재평가 결과 토지의 공정가치가 ₩1,050,000인 경우, 20X2년 말 당기손익에 포함될 자산재평가이익과 자본항목에 표시될 재평가잉여금은?

	자산재평가이익	재평가잉여금
①	₩0	₩50,000
②	₩50,000	₩100,000
③	₩100,000	₩50,000
④	₩150,000	₩150,000
⑤	₩200,000	₩200,000

16 다음은 유통업을 영위하는 N회사의 20X1년 재고자산에 대한 자료이다. N회사는 재고자산의 원가흐름의 가정으로 선입선출법을 적용하며, 저가법으로 평가한다. N회사는 20X1년 말 재고자산의 단위당 순실현가능가치를 ₩80으로 추정하였고, 재고실사를 통해 정상감모손실 ₩1,000을 인식하였다. N회사가 20X1년 재고자산과 관련하여 인식할 당기비용은?

		수량	금액
1월 1일	기초재고	20개	₩4,000
3월 1일	매입	20개	₩2,000
5월 1일	매입	40개	₩4,000
8월 1일	매출	30개	?

① ₩1,800
② ₩3,200
③ ₩4,800
④ ₩5,400
⑤ ₩6,800

17 P회사의 20X1년도 고정비는 ₩600,000이고, 손익분기점 매출액이 ₩1,500,000이며, 안전한계율이 40%일 경우, 영업이익은?

① ₩0
② ₩200,000
③ ₩400,000
④ ₩1,000,000
⑤ ₩1,200,000

18 다음은 R회사의 20X1년 기초 및 기말 재고자산과 관련한 자료이다.

	기초	기말
직접재료	₩2,000	₩7,000
재공품	₩8,000	₩5,000
제품	₩7,000	₩10,000

R회사는 매출원가의 20%를 매출원가에 이익으로 가산하여 제품을 판매하고 있으며, 20X1년 매출액은 ₩60,000이다. R회사의 20X1년 직접재료 매입액은 ₩15,000이고, 제조간접원가는 가공원가의 40%일 때, 20X1년의 기초원가는?

① ₩24,000
② ₩32,800
③ ₩34,000
④ ₩36,800
⑤ ₩40,000

19 S회사는 표준원가계산제도를 적용하고 있으며, 직접노무원가와 관련된 자료는 다음과 같다.

- 표준직접노동시간 1,000시간
- 실제 발생 직접노무원가 ₩364,800
- 임률차이(불리한 차이) ₩9,600
- 실제 직접노동시간 960시간
- 능률차이(유리한 차이) ₩14,800

직접노무원가의 시간당 표준임률은?

① ₩370
② ₩380
③ ₩400
④ ₩420
⑤ ₩450

20 T회사는 단일공정을 통해 단일제품을 생산하고 있으며, 선입선출법에 의한 종합원가계산을 적용하고 있다. 직접재료는 공정 초에 전량 투입되고, 가공원가는 공정 전반에 걸쳐 균등하게 발생한다. T회사의 20X1년 기초재공품은 10,000단위(가공원가 완성도 40%), 당기착수량은 30,000단위, 기말재공품은 8,000단위(가공원가 완성도 50%)이다. 기초재공품의 직접재료원가는 ₩170,000이고, 가공원가는 ₩72,000이며, 당기 투입된 직접재료원가와 가공원가는 각각 ₩450,000과 ₩576,000이다. 기말재공품원가는?(단, 공손 및 감손은 발생하지 않는다)

① ₩170,000
② ₩192,000
③ ₩205,000
④ ₩210,500
⑤ ₩225,000

공기업 회계학

제18회 최종모의고사

모바일 OMR

문항 수 : 20문항
시험시간 : 20분

정답 및 해설 p.222

01 A회사가 20X1년 1월 초 건물을 취득하여 투자부동산으로 분류하였을 때, 다음 자료의 거래가 A회사의 20X1년 당기손익에 미치는 영향은?(단, 투자부동산에 대하여 공정가치모형을 적용하며, 감가상각비는 정액법으로 월할 계산한다)

- 건물(내용연수 5년, 잔존가치 ₩0) 취득가액은 ₩2,000,000이며, 이와 별도로 취득세 ₩100,000을 납부하였다.
- 20X1년 6월 말 건물의 리모델링을 위해 ₩1,000,000을 지출하였으며, 이로 인해 건물의 내용연수가 2년 증가하였다.
- 20X1년 12월 말 건물의 공정가치는 ₩4,000,000이다.

① ₩900,000 이익
② ₩1,000,000 이익
③ ₩1,500,000 이익
④ ₩1,900,000 이익
⑤ ₩2,000,000 이익

02 B회사의 20X1년도 재고자산과 관련된 자료가 다음과 같을 때, 20X1년도의 매출원가는?

• 기초재고	₩700,000(재고자산평가충당금 ₩0)
• 매입액	₩6,000,000
• 매출액	₩8,000,000
• 기말재고	
– 장부수량	3,000개(개당 취득원가 ₩200)
– 실사수량	2,500개(개당 순실현가능가치 ₩240)
• 재고자산감모분 중 50%는 정상적인 것으로 판단되었다.	

① ₩6,000,000
② ₩6,050,000
③ ₩6,100,000
④ ₩6,150,000
⑤ ₩6,200,000

03 **다음 중 결산수정분개에 대한 설명으로 옳지 않은 것을 모두 고르면?**

> ㄱ. 장래에 용역을 제공하기로 하고 대금을 미리 받은 경우, 결산기말까지 용역을 제공한 부분은 선수수익으로 계상하고, 미제공한 부분은 부채로 계상한다.
> ㄴ. 유형자산 감가상각 시 차변은 감가상각비로 계상하고, 대변은 감가상각누계액으로 계상한다.
> ㄷ. 당기에 속하는 전기료를 지급하지 않았다면 차변에 비용으로 계상하고, 대변에 미지급비용으로 계상한다.
> ㄹ. 소모품 취득 시 자산으로 기록하였다면 결산기말까지 사용한 부분만큼 비용으로 처리한다.

① ㄱ
② ㄴ
③ ㄱ, ㄷ
④ ㄴ, ㄹ
⑤ ㄱ, ㄴ, ㄹ

04 **D회사는 20X1년 5월 초 영업활동에 사용할 목적으로 기계장치(취득원가 ₩210,000, 잔존가치 ₩10,000, 내용연수 5년, 정률법 상각)를 구입하였다. 20X2년 말 재무상태표에 인식할 감가상각누계액은?(단, 상각률은 45%로 가정하며, 월할 상각한다)**

① ₩51,975
② ₩66,150
③ ₩94,500
④ ₩129,150
⑤ ₩146,475

05 **재무상태표에 대한 설명으로 옳지 않은 것은?**

① 기업이 재무상태표에 유동자산과 비유동자산, 그리고 유동부채와 비유동부채로 구분하여 표시하는 경우, 이연법인세자산은 유동자산으로 분류한다.
② 유동성 순서에 따른 표시 방법이 신뢰성 있고 더욱 목적적합한 정보를 제공하는 경우를 제외하고는 유동자산과 비유동자산, 유동부채와 비유동부채로 재무상태표에 구분하여 표시한다.
③ 유동자산은 주로 단기매매 목적으로 보유하고 있는 자산과 비유동금융자산의 유동성 대체 부분을 포함한다.
④ 보고기간 후 12개월 이상 결제를 연기할 수 있는 무조건의 권리를 가지고 있지 않으면 유동부채로 분류한다.
⑤ 자산, 부채를 배열할 때 형식이나 계정과목의 순서를 강제하고 있지 않다.

06 고객과의 계약에서 생기는 수익에 대한 설명으로 옳지 않은 것은?

① 기댓값으로 변동대가를 추정하는 경우 가능한 대가의 범위에서 가능성이 가장 높은 단일 금액으로 추정한다.

② 변동대가와 관련된 불확실성이 나중에 해소될 때, 이미 인식한 누적 수익 금액 중 유의적인 부분을 되돌리지 않을 가능성이 매우 높을지를 평가할 때는 수익의 환원 가능성 및 크기를 모두 고려한다.

③ 비현금 대가의 공정가치를 합리적으로 추정할 수 없는 경우에는, 그 대가와 교환하여 고객에게 약속한 재화나 용역의 개별 판매가격을 참조하여 간접적으로 그 대가를 측정한다.

④ 고객에게 약속한 재화나 용역, 즉 자산을 이전하여 수행의무를 이행할 때 수익을 인식한다.

⑤ 거래가격의 후속 변동은 계약 개시시점과 같은 기준으로 계약상 수행의무에 배분하므로 계약을 개시한 후의 개별 판매가격 변동을 반영하기 위해 거래가격을 다시 배분하지 않는다.

07 다음의 장부마감 전 자료를 토대로 계산한 기말자본은?(단, 수익과 비용에는 기타포괄손익 항목이 포함되어 있지 않다)

수익 합계	₩2,000,000	비용 합계	₩1,000,000
자본금	₩1,000,000	주식발행초과금	₩500,000
이익잉여금	₩500,000	자기주식	₩100,000
감자차익	₩100,000	재평가잉여금	₩200,000

① ₩2,800,000　② ₩3,000,000

③ ₩3,200,000　④ ₩3,300,000

⑤ ₩3,500,000

08 G회사는 20X1년 중 장기보유 목적으로 A주식을 매입하여 평가손익을 기타포괄손익으로 인식하기로 하였고, 단기시세차익 목적으로 B주식을 매입하였다. G회사는 20X1년 말 A주식과 B주식을 보유하고 있으며, 두 주식에 대한 취득원가와 공정가치는 다음과 같다. 20X1년 말 재무제표에 미치는 영향으로 옳지 않은 것은?(단, 취득한 주식은 발행기업에 유의한 영향을 미치지 않는다)

	취득원가	20X1년 말 공정가치
A주식	₩100,000	₩90,000
B주식	₩60,000	₩70,000

① 당기순이익이 ₩10,000 증가한다.　② A주식의 평가손실은 ₩10,000이다.

③ 기타포괄손익이 ₩10,000 감소한다.　④ 이익잉여금은 변하지 않는다.

⑤ 총포괄손익은 변하지 않는다.

09 H회사의 20X1년 말 예상되는 자산과 부채는 각각 ₩100,000과 ₩80,000으로 부채비율 400%가 예상된다. H회사가 보유 중인 토지 A를 처분(장부가액 ₩30,000, 토지재평가잉여금 ₩1,000, 처분손실 ₩5,000 예상) 후 처분대금으로 차입금을 상환할 경우 부채비율은 어떻게 변화하는가?(단, H회사는 모든 유형자산에 대하여 재평가모형을 적용하고 있다)

① 100% 이하로 감소
② 100~200%로 감소
③ 200~300%로 감소
④ 300~400%로 감소
⑤ 400~500%로 증가

10 재무보고를 위한 개념체계 중 재무정보의 질적 특성에 대한 설명으로 옳지 않은 것은?

① 유용한 재무정보의 질적 특성은 그 밖의 방법으로 제공되는 재무정보뿐만 아니라 재무제표에서 제공되는 재무정보에도 적용된다.
② 중요성은 기업 특유 관점의 목적적합성을 의미하므로 회계기준위원회는 중요성에 대한 획일적인 계량 임계치를 정하거나 특정한 상황에서 무엇이 중요한 것인지를 미리 결정하여야 한다.
③ 재무정보의 예측가치와 확인가치는 상호 연관되어 있어 예측가치를 갖는 정보는 확인가치도 갖는 경우가 많다.
④ 재무보고의 목적을 달성하기 위해 근본적 질적 특성 간 절충이 필요할 수도 있다.
⑤ 근본적 질적 특성을 충족하면 어느 정도의 비교 가능성은 달성될 수 있다.

11 I회사가 20X1년 1월 1일에 액면가액 ₩500,000, 매년 말 액면이자 8%, 3년 만기인 사채를 할인발행하였다. 사채할인발행차금은 유효이자율법에 따라 상각한다. 20X1년 말과 20X2년 말 사채 장부가액이 다음과 같고, 해당 사채가 만기상환되었다고 할 때, I회사가 20X2년부터 20X3년까지 2년간 사채와 관련하여 인식한 총이자비용은?

• 20X1년 말 사채 장부가액	₩482,600	• 20X2년 말 사채 장부가액	₩490,900

① ₩86,500
② ₩89,100
③ ₩97,400
④ ₩106,500
⑤ ₩111,300

12 J회사는 12월 결산법인이다. J회사는 20X1년 1월 1일 K회사의 유통보통주식 10,000주 가운데 30%에 해당하는 주식을 주당 ₩1,000에 취득함으로써 K회사에 유의적인 영향력을 행사하게 되었다. 20X1년 9월 1일 K회사는 ₩200,000의 현금배당을 선언하고 지급하였다. 20X1년 12월 31일 K회사는 20X1년 당기순이익으로 ₩1,000,000을 보고하였다. 20X1년 12월 31일 J회사가 보유하고 있는 K회사 주식과 관련하여 재무제표에 보고해야 할 관계기업투자주식과 지분법손익은 얼마인가?(단, J회사가 20X1년 1월 1일에 K회사의 주식 취득 시 투자제거 차액은 없다고 가정한다)

	관계기업투자주식	지분법손익
①	₩3,240,000	₩300,000
②	₩3,240,000	₩240,000
③	₩3,300,000	₩300,000
④	₩3,300,000	₩240,000
⑤	₩3,340,000	₩300,000

13 L회사는 고객에게 60일을 신용기간으로 외상매출을 하고 있으며, 연령분석법을 사용하여 기대신용손실을 산정하고 있다. 20X1년 말 현재 L회사는 매출채권의 기대신용손실을 산정하기 위해 다음과 같은 충당금 설정률표를 작성하였다. 20X1년 말 매출채권에 대한 손실충당금(대손충당금) 대변잔액 ₩20,000이 있을 때, 결산 시 인식할 손상차손(대손상각비)은?

	매출채권금액	기대신용손실률
신용기간 이내	₩1,000,000	1.0%
1~30일 연체	₩400,000	4.0%
31~60일 연체	₩200,000	20.0%
60일 초과 연체	₩100,000	30.0%

① ₩56,000
② ₩66,000
③ ₩76,000
④ ₩86,000
⑤ ₩96,000

14 M회사와 N회사는 20X1년 1월 1일에 각각 동일한 기계를 ₩100,000에 취득하였다. 두 회사 모두 기계의 내용연수는 4년이고, 잔존가치는 ₩10,000으로 추정한다. 이 기계의 감가상각을 위하여 M회사는 상각률 40%의 정률법을 적용하고, N회사는 연수합계법을 적용한다면, 두 회사의 20X2년 12월 31일 재무상태표에 보고되는 이 기계에 대한 감가상각누계액의 차이는?

① ₩1,000
② ₩4,000
③ ₩5,400
④ ₩6,000
⑤ ₩6,500

15 자본에 대한 설명으로 옳은 것을 모두 고르면?

ㄱ. 주식분할을 실시하면 자본총액은 변동하지 않고, 자본금은 증가한다.
ㄴ. 주식배당을 실시하면 자본총액은 변동하지 않고, 자본금은 증가한다.
ㄷ. 유상증자를 실시하면 자본총액은 변동하지 않고, 자본금은 증가한다.
ㄹ. 무상증자를 실시하면 자본총액은 변동하지 않고, 자본금은 증가한다.

① ㄱ, ㄴ
② ㄱ, ㄷ
③ ㄱ, ㄹ
④ ㄴ, ㄹ
⑤ ㄷ, ㄹ

16 N회사는 20X2년에 재고자산의 단위원가결정 방법을 변경한 결과 20X2년의 기초재고자산과 기말재고자산이 각각 ₩50,000과 ₩30,000 증가하였다. 이러한 회계변경의 효과로 인한 20X2년 기초이익잉여금의 변동액은?(단, 회계변경은 모두 정당한 변경으로 간주하며, 법인세 효과는 고려하지 않는다)

① ₩30,000 증가
② ₩50,000 증가
③ ₩80,000 증가
④ ₩20,000 감소
⑤ ₩80,000 감소

17 P회사는 단일제품을 생산하고 있다. 20X1년 자료가 다음과 같을 때, 당기 직접재료 매입액과 당기에 발생한 직접노무원가는?

〈재고자산〉

	기초재고	기말재고
직접재료	₩18,000	₩13,000
재공품	₩25,000	₩20,000
기본원가	₩85,000	
가공원가	₩75,000	
당기제품제조원가	₩130,000	
매출원가	₩120,000	

	직접재료 매입액	직접노무원가
①	₩45,000	₩35,000
②	₩45,000	₩40,000
③	₩50,000	₩35,000
④	₩50,000	₩40,000
⑤	₩55,000	₩45,000

18 R회사의 다음 자료를 이용한 변동제조원가발생액은?(단, 기초제품재고와 기초 및 기말재공품재고는 없다)

• 당기제품생산량	50,000개	• 당기제품판매량	50,000개
• 변동매출원가	₩900,000		

① ₩600,000
② ₩700,000
③ ₩800,000
④ ₩900,000
⑤ ₩1,000,000

19 단일제품 A를 제조하는 S회사의 제품생산 및 판매와 관련된 자료는 다음과 같다.

• 총판매량	200개	• 총공헌이익	₩200,000
• 총고정원가	₩150,000		

법인세율이 20%일 경우, 세후 순이익 ₩120,000을 달성하기 위한 제품 A의 판매수량은?(단, 제품 A의 단위당 공헌이익은 동일하다)

① 120개
② 150개
③ 250개
④ 270개
⑤ 300개

20 T회사는 종합원가계산제도를 채택하고 단일제품을 생산하고 있다. 재료는 공정이 시작되는 시점에서 전량 투입되며, 가공(전환)원가는 공정 전체에 걸쳐 균등하게 발생한다. 가중평균법과 선입선출법에 의한 가공(전환)원가의 완성품환산량은 각각 108,000단위와 87,000단위이다. 기초재공품의 수량이 70,000단위라면, 기초재공품 가공(전환)원가의 완성도는?

① 10%
② 15%
③ 20%
④ 25%
⑤ 30%

제19회 최종모의고사

모바일 OMR

문항 수 : 20문항
시험시간 : 20분

정답 및 해설 p.225

01 **종업원급여의 회계처리에 대한 설명으로 옳은 것을 모두 고르면?**

ㄱ. 퇴직급여채무를 할인하기 위해 사용하는 할인율은 보고기간 말 현재 우량회사채의 시장수익률을 참조하여 결정한다.
ㄴ. 확정급여채무의 현재가치란 종업원이 당기와 미래 기간에 근무용역을 제공하여 생긴 채무를 결제하기 위해 필요한 예상 미래지급액의 현재가치를 의미한다.
ㄷ. 확정급여제도의 초과적립액이 있는 경우 순확정급여자산은 초과적립액과 자산인식상한 중에서 작은 금액으로 측정한다.
ㄹ. 기타포괄손익에 인식되는 순확정급여부채 또는 순확정급여자산의 재측정요소는 후속 기간에 당기손익으로 재분류하지 않는다.

① ㄱ
② ㄱ, ㄹ
③ ㄴ, ㄷ
④ ㄱ, ㄷ, ㄹ
⑤ ㄱ, ㄴ, ㄷ, ㄹ

02 **A회사는 20X1년 9월 1일에 1년분 보험료로 ₩1,200을 지급하고 선급비용으로 회계처리하였다. A회사가 20X1년 말 동 보험료와 관련한 수정분개를 누락하였다면, 20X1년 재무제표에 미치는 영향은?(단, 보험료 인식은 월할 계상한다)**

① 자산 ₩400 과소계상, 당기순이익 ₩400 과소계상
② 자산 ₩400 과대계상, 당기순이익 ₩400 과대계상
③ 자산 ₩800 과소계상, 당기순이익 ₩800 과소계상
④ 자산 ₩800 과대계상, 당기순이익 ₩800 과대계상
⑤ 자산 ₩1,200 과대계상, 당기순이익 ₩1,200 과대계상

03 B회사의 20X1년 기초재고자산은 ₩3,000, 기말재고자산은 ₩4,200, 매출액은 ₩40,000이다. 당기 재고자산회전율이 6회라면 매출총이익은?(단, 재고자산회전율 계산 시 매출원가와 평균재고자산을 이용한다)

① ₩14,800
② ₩18,000
③ ₩18,400
④ ₩20,000
⑤ ₩22,000

04 C회사는 20X1년 1월 1일 미국에 있는 건물(취득원가 $5,000, 내용연수 5년, 잔존가치 $0, 정액법 상각)을 취득하였다. C회사는 건물에 대하여 재평가모형을 적용하고 있으며, 20X1년 12월 31일 현재 동 건물의 공정가치는 $6,000로 장부가액과의 차이는 중요하다. C회사의 기능통화는 원화이며, 20X1년 1월 1일과 20X1년 12월 31일의 환율은 각각 ₩1,800/$과 ₩1,500/$이고, 20X1년의 평균환율은 ₩1,650/$이다. C회사가 20X1년 말 재무상태표에 인식해야 할 건물에 대한 재평가잉여금은?

① ₩1,500,000
② ₩1,650,000
③ ₩1,800,000
④ ₩3,000,000
⑤ ₩3,300,000

05 다음 D회사의 재무자료를 이용하여 계산한 20X1년의 당기순이익은?

- 20X1년의 수정 전 당기순이익은 ₩46,000이다.
- 기말에 발견된 오류는 다음과 같다.
  - 기말재고자산을 ₩10,000 과대계상하였다.
  - 선급비용 ₩5,000을 당기비용으로 처리하였다.
  - 미지급비용 ₩3,000을 누락하였다.
  - 20X1년 초에 현금으로 지급한 기계장치에 대한 자본적 지출액 ₩20,000을 수선비로 처리하였다.
  - 기계장치의 잔존가치는 없으며, 내용연수는 20X1년 초부터 시작하여 5년이며, 정액법으로 감가상각한다.
  - 법인세는 무시하며, 모든 오류는 중대하다고 가정한다.

① ₩50,000
② ₩54,000
③ ₩58,000
④ ₩64,000
⑤ ₩68,000

06 E회사는 포괄손익계산서에 표시되는 비용을 매출원가, 물류원가, 관리활동원가 등으로 구분하고 있다. 이는 비용항목의 구분표시 방법 중 무엇에 해당하는가?

① 성격별 분류
② 기능별 분류
③ 증분별 분류
④ 표기별 분류
⑤ 행태별 분류

07 보통주 10,000주(액면가액 ₩5,000)를 발행하여 20X1년 기업을 시작한 F회사는 20X6년 1월 1일 누적적·비참가적 우선주 1,000주(액면가액 ₩5,000, 액면가액의 10% 배당)를 발행하였다. F회사는 20X6년과 20X7년 손실로 인하여 배당을 하지 못하였으나 20X8년 당기순이익을 기록하면서 보통주와 우선주에 대하여 총액 ₩2,500,000의 현금배당을 결의하였다. 보통주와 우선주에 대한 배당금액은?

	보통주	우선주
①	₩500,000	₩2,000,000
②	₩1,000,000	₩1,500,000
③	₩1,500,000	₩1,000,000
④	₩2,000,000	₩500,000
⑤	₩2,250,000	₩250,000

08 G회사는 20X1년 1월 1일에 3년간 원리금만을 수취할 목적으로 H회사의 사채(액면가액 ₩5,000,000)를 ₩4,800,000에 취득하였다. 사채의 이자지급일은 매년 말이며, 액면이자율은 8%이고, 유효이자율은 계산 편의상 10%로 가정한다. 그러나 회사 사정에 의하여 20X1년 12월 31에 보유하고 있는 사채를 액면이자 수취 후 ₩5,200,000에 매각하였다. 이 거래와 관련하여 20X1년도의 포괄손익계산서상에 보고될 처분손익은?(단, 회계처리는 유효이자율법에 따른다)

① 처분손실 ₩480,000
② 처분이익 ₩210,000
③ 처분이익 ₩300,000
④ 처분이익 ₩320,000
⑤ 처분이익 ₩410,000

09 H회사의 20X1년 재무자료는 다음과 같다.

• 매출액	₩10,000	• 기초유동자산	₩3,500
• 기초재고자산	₩1,000	• 기말유동자산	₩3,000
• 기말재고자산	₩2,000	• 기초유동부채	₩1,000
• 당기재고자산 매입액	₩8,500	• 기말유동부채	₩1,500

유동자산은 재고자산과 당좌자산으로만 구성된다. 다음 중 옳은 것은?

① 20X1년 재고자산회전율은 8회보다 높다.
② 20X1년 말 유동비율은 20X1년 초보다 높다.
③ 20X1년 초 당좌비율은 20X1년 말보다 높다.
④ 20X1년 매출총이익률은 15%이다.
⑤ 20X1년 말 유동비율은 20X1년 말 당좌비율보다 낮다.

10 **자산의 인식과 측정에 대한 설명으로 옳지 않은 것은?**

① 자산의 정의를 충족하는 항목만이 재무상태표에 자산으로 인식된다.
② 합리적인 추정의 사용은 재무정보 작성의 필수적인 부분이며, 추정치를 명확하고 정확하게 기술하고 설명한다면 정보의 유용성을 훼손하지 않는다.
③ 사용가치는 기업이 자산의 사용과 궁극적인 처분으로 얻을 것으로 기대하는 현금흐름 또는 그 밖의 경제적 효익의 현재가치이다.
④ 공정가치는 자산을 취득할 때 발생한 거래원가로 인해 증가하지 않는다.
⑤ 경제적 효익의 유입 가능성이 낮으면 자산으로 인식해서는 안 된다.

11 **I회사는 20X1년 1월 1일 액면가액 ₩1,000,000, 만기 3년의 사채를 유효이자율 연 10%를 적용하여 ₩925,390에 발행하였다. 20X1년 12월 31일 장부가액이 ₩947,929이라면, 이 사채의 표시이자율은?**

① 7% ② 8%
③ 9% ④ 10%
⑤ 11%

12 다음은 J회사가 발행한 주식 관련 정보이다. 20X2년 기본주당순이익은?

- 가중평균유통보통주식수 : 10,000주
- 20X2년도 당기순이익 : ₩4,000,000
- 20X1년 7월 1일 우선주 3,000주 발행(액면배당률 4%, 액면가액 ₩5,000)

① ₩310
② ₩330
③ ₩340
④ ₩370
⑤ ₩390

13 주식배당과 주식분할이 자본에 미치는 영향에 대한 내용으로 옳지 않은 것은?

	주식배당	주식분할
① 주식수	증가	증가
② 자본총계	변동 없음	변동 없음
③ 이익잉여금	감소	변동 없음
④ 주당 액면가액	변동 없음	감소
⑤ 법정자본금	증가	증가

14 L회사의 기초 매출채권 잔액은 ₩50,000이고, 기말 매출채권 잔액은 ₩40,000이다. 기중에 회수한 매출채권은 ₩60,000이고, 대손이 확정된 매출채권은 ₩30,000이라면 기중에 발생한 외상판매액은?

① ₩40,000
② ₩70,000
③ ₩80,000
④ ₩90,000
⑤ ₩100,000

15 M회사는 20X1년 1월 1일에 기계장치를 ₩200,000에 취득하고 원가모형을 적용하였다(내용연수 5년, 잔존가치 ₩0, 정액법 상각). 20X1년 말 기계장치의 순공정가치와 사용가치는 각각 ₩120,000, ₩100,000이었다. 20X2년 7월 1일에 ₩90,000의 현금을 받고 처분하였다. M회사가 인식할 유형자산처분손익은? (단, 감가상각비는 월할 상각한다)

① 처분손실 ₩10,000
② 처분손실 ₩12,000
③ 처분손실 ₩15,000
④ 처분이익 ₩30,000
⑤ 처분이익 ₩50,000

16 다음은 N회사의 재고자산 관련 자료로서 재고자산감모손실은 장부상 수량과 실지재고수량과의 차이에 의해 발생한다. 기말상품의 실지재고수량은?

• 기초상품재고액	₩120,000
• 당기매입액	₩900,000
• 장부상 기말상품재고액(단위당 원가 ₩1,000)	₩200,000
• 재고자산감모손실	₩30,000

① 100개
② 140개
③ 170개
④ 200개
⑤ 210개

17 P회사는 단일제품을 생산해 판매하고 있다. P회사의 1월 중 생산활동과 관련된 정보가 다음과 같을 때, 1월의 직접재료원가는?

• 당월 총제조원가는 ₩2,000,000이고, 당월 제품제조원가는 ₩1,940,000이다.
• 1월 초 재공품은 1월 말 재공품원가의 80%이다.
• 직접노무원가는 1월 말 재공품원가의 60%이며, 제조간접원가는 직접재료원가의 40%이다.

① ₩1,000,000
② ₩1,100,000
③ ₩1,200,000
④ ₩1,300,000
⑤ ₩1,400,000

18 R회사의 최근 2년간 생산량과 총제품제조원가는 다음과 같다. 2년간 고정원가와 단위당 변동원가는 변화가 없었다. 20X3년도에 고정원가는 10% 증가하고, 단위당 변동원가가 20% 감소하면, 생산량이 500개일 때 총제품제조원가는?

	생산량	총제품제조원가
20X1	100개	₩30,000
20X2	300개	₩60,000

① ₩70,000
② ₩75,500
③ ₩76,500
④ ₩85,000
⑤ ₩94,500

19 S회사는 계산기를 제조하여 판매하고 있다. 계산기의 단위당 판매가격은 ₩5,000, 단위당 변동비는 ₩3,000, 총고정비는 ₩500,000이다. 법인세율이 40%라고 할 때, 세후 목표이익 ₩120,000을 달성하기 위해 필요한 계산기의 판매량은?

① 250개
② 300개
③ 310개
④ 350개
⑤ 380개

20 다음은 종합원가계산제도를 채택하고 있는 T회사의 당기 제조활동에 관한 자료이다.

• 기초재공품	₩3,000(300단위, 완성도 60%)
• 당기투입원가	₩42,000
• 당기완성품수량	800단위
• 기말재공품	200단위(완성도 50%)

모든 원가는 공정 전체를 통하여 균등하게 발생하며, 기말재공품의 평가는 평균법을 사용하고 있다. 기말재공품원가는?(단, 공손 및 감손은 없다)

① ₩4,200
② ₩4,500
③ ₩5,000
④ ₩8,400
⑤ ₩9,000

공기업 회계학

제20회 최종모의고사

모바일 OMR

문항 수 : 20문항
시험시간 : 20분

정답 및 해설 p.228

01 자산별 회계처리에 대한 설명으로 옳은 것을 모두 고르면?

ㄱ. 무형자산의 상각 방법은 자산의 경제적 효익이 소비될 것으로 예상되는 형태를 반영한 방법이어야 한다. 다만, 그 형태를 신뢰성 있게 결정할 수 없는 경우에는 정액법을 사용한다.
ㄴ. 부동산 보유자가 부동산 사용자에게 부수적인 용역을 제공하는 경우가 있다. 전체 계약에서 그러한 용역의 비중이 경미하다면 부동산 보유자는 당해 부동산을 자가사용부동산으로 분류한다.
ㄷ. 정기적인 종합검사 과정에서 발생하는 원가가 인식기준을 충족하는 경우에는 유형자산의 일부가 대체되는 것으로 보아 해당 유형자산의 장부가액에 포함하여 인식한다.
ㄹ. 재고자산을 순실현가능가치로 감액한 평가손실과 모든 감모손실은 감액이나 감모가 발생한 기간에 비용으로 인식한다.

① ㄱ
② ㄹ
③ ㄱ, ㄴ
④ ㄴ, ㄹ
⑤ ㄱ, ㄷ, ㄹ

02 B회사의 20X1년도 상품 매입과 관련된 자료이다. 20X1년도 상품 매입원가는?(단, B회사는 부가가치세 과세사업자이며, 부가가치세는 환급대상에 속하는 매입세액이다)

	금액	비고
당기매입	₩110,000	부가가치세 ₩10,000 포함
매입운임	₩10,000	
하역료	₩5,000	
매입할인	₩5,000	
리베이트	₩2,000	
보관료	₩3,000	후속 생산단계에 투입하기 전에 보관이 필요한 경우가 아님
관세납부금	₩500	

① ₩108,500
② ₩110,300
③ ₩110,500
④ ₩113,500
⑤ ₩123,500

03 다음 C회사의 20X1년 자료를 이용한 매출총이익과 영업이익을 바르게 연결한 것은?

• 기초상품재고액	₩10,000	• 기말상품재고액	₩12,000
• 당기상품총매입액	₩20,000	• 매입운임	₩2,000
• 매입에누리	₩1,000	• 매입환출	₩600
• 매입할인	₩400	• 당기상품총매출액	₩27,000
• 판매운임	₩2,500	• 매출에누리	₩1,800
• 매출환입	₩1,200	• 매출할인	₩500
• 판매사원 급여	₩1,000		

	매출총이익	영업이익
①	₩5,500	₩2,000
②	₩5,500	₩4,500
③	₩8,000	₩4,500
④	₩8,000	₩7,000
⑤	₩12,000	₩9,000

04 재무제표 표시에 대한 설명으로 옳지 않은 것은?

① 상이한 성격이나 기능을 가진 항목은 구분하여 표시하며, 다만 중요하지 않은 항목은 성격이나 기능이 유사한 항목과 통합하여 표시할 수 있다.

② 재무제표의 표시통화를 천 단위나 백만 단위로 표시할 때 중립성이 제고될 수 있으며, 이러한 표시는 금액 단위를 공시하고 중요한 정보가 누락되지 않는 경우에 허용될 수 있다.

③ 전체 재무제표(비교정보를 포함)는 적어도 1년마다 작성하며, 보고기간종료일을 변경하여 재무제표의 보고기간이 1년을 초과하거나 미달하는 경우 재무제표 해당 기간뿐만 아니라 보고기간이 1년을 초과하거나 미달하게 된 이유와 재무제표에 표시된 금액이 완전하게 비교 가능하지는 않다는 사실을 추가로 공시한다.

④ 재무제표 항목의 표시나 분류를 변경하는 경우 실무적으로 적용할 수 없는 것이 아니라면 비교금액도 재분류해야 하며, 비교금액을 재분류할 때 재분류의 성격, 재분류된 개별 항목이나 항목군의 금액, 재분류의 이유를 공시한다(전기 기초 포함).

⑤ 매출채권에 대한 대손충당금과 같은 평가충당금을 차감하여 관련 자산을 순액으로 측정하는 것은 상계표시에 해당하지 아니한다.

05 **유형자산의 장부가액에 가산하지 않는 항목을 모두 고르면?**

> ㄱ. 시험 과정에서 생산된 재화의 순매각금액
> ㄴ. 유형자산의 매입 또는 건설과 직접적으로 관련되어 발생한 종업원급여
> ㄷ. 기업의 영업 전부 또는 일부를 재배치하거나 재편성하는 과정에서 발생하는 원가
> ㄹ. 설치장소 준비 원가
> ㅁ. 정기적인 종합검사 과정에서 발생하는 원가가 인식기준을 충족하는 경우

① ㄱ
② ㄱ, ㄷ
③ ㄴ, ㄹ
④ ㄴ, ㄷ, ㅁ
⑤ ㄷ, ㄹ, ㅁ

06 **고객과의 계약에서 생기는 수익에서 측정에 대한 설명으로 옳지 않은 것은?**

① 기업이 받을 권리를 갖게 될 변동대가에 미치는 불확실성의 영향을 추정할 때에는 그 계약 전체에 하나의 방법을 일관되게 적용한다.
② 거래가격은 고객에게 약속한 재화나 용역을 이전하고 그 대가로 기업이 받을 권리를 갖게 될 것으로 예상하는 금액이며, 제3자를 대신해서 회수한 금액도 포함된다.
③ 거래가격을 산정하기 위하여 기업은 재화나 용역을 현행 계약에 따라 약속대로 고객에게 이전할 것이고, 이 계약은 취소・갱신・변경되지 않을 것이라고 가정한다.
④ 계약에서 약속한 대가에 변동금액이 포함된 경우에 고객에게 약속한 재화나 용역을 이전하고 그 대가로 받을 권리를 갖게 될 금액을 추정한다.
⑤ 할인액 전체가 계약상 하나 이상의 일부 수행의무에만 관련된다는 관측 가능한 증거가 있는 때 외에는 할인액을 계약상 모든 수행의무에 비례하여 배분한다.

07 **F회사는 20X1년 1월 1일에 설립되었다. 다음 20X1년 자료를 이용하여 계산한 기말자산은?**

• 기초자산	₩1,000	• 당기 중 유상증자	₩500
• 기초부채	₩620	• 영업수익	₩2,500
• 기말부채	₩740	• 영업비용	₩2,320

① ₩1,060
② ₩1,200
③ ₩1,300
④ ₩1,700
⑤ ₩1,800

08 12월 결산법인 G회사는 20X1년 2월 20일 H회사의 주식 100주를 취득하고 당기손익-공정가치측정금융자산으로 분류하였다. 20X1년 12월 31일 H회사의 1주당 공정가치는 ₩1,200이다. 20X2년 3월 1일 H회사는 무상증자 20%를 실시하였으며, G회사는 무상신주 20주를 수령하였다. 20X2년 7월 1일 H회사 주식 60주를 ₩81,000에 처분하고 거래원가 ₩1,000을 차감한 금액을 수령하였을 경우 동 거래가 20X2년 G회사의 법인세차감전순이익에 미치는 영향은?

① ₩21,000 증가
② ₩20,000 증가
③ ₩9,000 증가
④ ₩8,000 증가
⑤ ₩5,000 증가

09 H회사의 20X1년 초 재고자산은 ₩25,000이고, 당기매입액은 ₩95,000이다. H회사의 20X1년 말 유동비율은 120%, 당좌비율은 70%, 유동부채는 ₩80,000일 때, 20X1년도 매출원가는?(단, 재고자산은 상품으로만 구성되어 있다)

① ₩52,000
② ₩64,000
③ ₩76,000
④ ₩80,000
⑤ ₩85,000

10 재무보고를 위한 개념체계에서 재무정보의 질적 특성에 대한 설명으로 옳지 않은 것은?

① 재무정보에 예측가치, 확인가치 또는 이 둘 모두가 있다면 그 재무정보는 목적적합성을 가진다고 할 수 있다.
② 보강적 질적 특성은 근본적 특성을 보강시키는 특성으로 비교 가능성, 검증 가능성, 적시성, 이해 가능성이 있다.
③ 동일한 경제 현상에 대해 대체적인 회계처리 방법을 허용하면 비교 가능성은 증가한다.
④ 적시성은 의사결정에 영향을 미칠 수 있도록 의사결정자가 정보를 제때에 이용 가능하게 하는 것을 의미한다.
⑤ 오류가 없다는 것은 현상의 기술에 오류나 누락이 없고, 보고 정보를 생산하는 데 사용되는 절차의 선택과 적용 시 절차상 오류가 없음을 의미한다.

11 상각후원가측정 금융부채로 분류하는 사채의 회계처리에 대한 설명으로 옳지 않은 것은?

① 사채 발행 시 사채발행비가 발생한 경우의 유효이자율은 사채발행비가 발생하지 않는 경우보다 높다.
② 사채의 액면이자율이 시장이자율보다 낮은 경우 사채를 할인발행하게 된다.
③ 사채를 할증발행한 경우 사채의 장부가액은 시간이 흐를수록 감소한다.
④ 사채를 할인발행한 경우 사채의 장부가액은 시간이 흐를수록 증가한다.
⑤ 사채의 할인발행과 할증발행의 경우 모두 사채발행차금 상각액이 점차 감소한다.

12 J회사는 20X1년 1월 1일 총계약금액 ₩60,000의 건설공사를 수주하였다. J회사가 진행기준을 사용하여 해당 건설공사를 회계처리하는 경우, 20X2년 말 재무상태표에 표시할 미청구공사(유동자산) 금액은?

	20X1년	20X2년	20X3년
발생 누적계약원가	₩8,000	₩35,000	₩50,000
총계약예정원가	₩40,000	₩50,000	₩50,000
계약대금 청구	₩10,000	₩30,000	₩20,000
계약대금 회수	₩7,000	₩28,000	₩25,000

① ₩2,000
② ₩3,000
③ ₩40,000
④ ₩42,000
⑤ ₩45,000

13 영업활동현금흐름과 관련된 항목을 모두 고르면?

ㄱ. 당기손익측정 금융자산의 처분
ㄴ. 기계장치의 구입
ㄷ. 유상증자
ㄹ. 토지의 처분
ㅁ. 사채의 발행
ㅂ. 로열티수익

① ㄱ, ㄴ
② ㄱ, ㅂ
③ ㄴ, ㄹ
④ ㄷ, ㅁ
⑤ ㅁ, ㅂ

14 기말재무상태표에 현금및현금성자산으로 보고될 금액은?

• 우표	₩4,000	• 당좌차월	₩50,000
• 당좌예금	₩10,000	• 타인발행수표	₩20,000
• 지폐와 주화	₩12,000	• 우편환증서	₩5,000
• 수입인지	₩8,000	• 환매채(취득 당시 60일 이내 환매조건)	₩40,000
• 보통예금	₩16,000		

① ₩98,000
② ₩103,000
③ ₩116,000
④ ₩136,000
⑤ ₩163,000

15 유형자산의 회계처리에 대한 설명으로 옳지 않은 것은?

① 지상 건물이 있는 토지를 일괄취득하여 구 건물을 계속 사용할 경우 일괄구입가격을 토지와 건물의 공정가액에 따라 배분한다.
② 토지의 취득 시 중개수수료, 취득세, 등록세와 같은 소유권이전비용은 토지의 취득원가에 포함한다.
③ 기계장치를 취득하여 기계장치를 의도한 용도로 사용하기 적합한 상태로 만들기 위해서 지출한 시운전비는 기계장치의 취득원가에 포함한다.
④ 건물 신축을 목적으로 건물이 있는 토지를 일괄취득한 경우, 구 건물의 철거비용은 신축 건물의 취득원가에 가산한다.
⑤ 자산의 장부가액이 재평가로 인해 증가될 경우 증가액을 기타포괄손익으로 인식하고 재평가잉여금과목으로 자본에 가산한다.

16 N회사의 기초 및 기말 재무상태표의 매출채권 잔액은 각각 ₩1,000,000과 ₩2,000,000이고, 기초 매출채권 중 절반이 당기 중에 현금으로 회수되었다. N회사의 당기매출원가 및 매출총이익률이 각각 ₩7,500,000과 25%인 경우에 N회사의 당기매출액 중 현금회수액은?

① ₩7,000,000
② ₩7,500,000
③ ₩8,000,000
④ ₩8,500,000
⑤ ₩9,000,000

17 제조원가 관련 자료가 다음과 같고 직접노무원가 발생액이 실제 가공원가의 40%일 때, 기본(기초)원가는?(단, 재료소비액은 모두 직접재료원가이다)

• 기초재료	₩50,000	• 기초재공품	₩100,000
• 당기재료 매입액	₩170,000	• 기말재료	₩30,000
• 공장감독자급여	₩30,000	• 공장기계감가상각비	₩20,000
• 수도광열비	₩20,000(본사 50%, 공장 50% 배부)		

① ₩200,000
② ₩230,000
③ ₩260,000
④ ₩280,000
⑤ ₩300,000

18 R회사에는 보조부문에 수선부와 전력부가 있고, 제조부문에 A와 B가 있다. 수선부의 변동원가 당기발생액은 ₩10,000이며, 전력부와 두 제조부문에 1,000시간의 수선 용역을 제공하였다. 전력부의 변동원가 당기발생액은 ₩7,000이며, 수선부와 두 제조부문에 2,000kWh의 전력을 제공하였다. R회사가 보조부문 원가 중 수선부 원가를 먼저 배부하는 단계배부법을 사용할 경우, 제조부문 A에 배부되는 보조부문의 원가는?

제공＼사용	수선부	전력부	제조부문 A	제조부문 B
수선부(시간)	–	200	500	300
전력부(kWh)	500	–	1,000	500

① ₩11,000
② ₩12,000
③ ₩13,000
④ ₩14,000
⑤ ₩15,000

19 S회사의 20X1년 단위당 변동비는 ₩4.2, 공헌이익률은 30%, 매출액은 ₩1,200,000이다. S회사는 20X1년에 이익도 손실도 보지 않았다. S회사는 20X2년에 20X1년보다 100,000단위를 더 판매하려고 한다. S회사의 20X2년 단위당 판매가격과 단위당 변동비는 20X1년과 동일하다. S회사가 20X2년에 ₩30,000의 목표이익을 달성하고자 한다면, 추가로 최대한 지출할 수 있는 고정비는?

① ₩50,000
② ₩75,000
③ ₩100,000
④ ₩125,000
⑤ ₩150,000

20 T회사는 종합원가계산 방법을 적용하고 있으며, 당기생산활동 관련 자료는 다음과 같다. 모든 제조원가는 공정 진척 정도에 따라 투입되는 것으로 할 때, 완성품환산량 단위당 원가가 ₩200이면 기말재공품의 완성도는?

• 기초재공품	없음	• 당기착수량	1,600단위
• 당기투입원가	₩240,000	• 당기완성품 수량	800단위

① 30%
② 40%
③ 50%
④ 60%
⑤ 70%

해설편

정답 및 해설

공기업 회계학

제1회 최종모의고사 정답 및 해설

01	02	03	04	05	06	07	08	09	10	11	12	13	14	15	16	17	18	19	20
③	③	②	②	④	④	②	①	①	④	②	①	②	③	②	①	①	④	⑤	①

01

정답 ③

- 제품보증충당부채(기말 추정액) : 1,700
- 제품보증비용(충당부채 추가설정액) : $1,700-1,000=700$

02

정답 ③

- 실지기말재고금액 : $(800\times 100)+(250\times 180)+(400\times 250)=225,000$
- 재고자산감모손실 : $250,000-225,000=25,000$

03

정답 ②

보험료(비용)이 과대계상되어 당기순이익이 과소계상되었으며, 선급보험료(자산)도 과소계상, 자본도 과소계상되었다.

04

정답 ②

- 20X2년 말 장부가액 : $620,000-\left\{(620,000-20,000)\times\frac{2}{5}\right\}=380,000$
- 20X3년 감가상각비 : $(380,000-20,000)\times\frac{3}{6}=180,000$

05

정답 ④

매입채무와 같이 기업의 정상영업주기 내에 사용되는 운전자본의 일부 항목은 보고기간 후 12개월 후에 결제일이 도래한다고 하더라도 유동부채로 분류한다.

06

정답 ④

$10,000,000+900,000+600,000-500,000-300,000=10,700,000$

07

정답 ②

- 매수 : $200 \times 4,000 = 800,000$ 감소
- 매도 : $(50 \times 5,000) + (50 \times 3,500) = 425,000$ 증가
- 자본총액 변동 : $-800,000 + 425,000 = 375,000$ 감소

08

정답 ①

- 당기손익－공정가치측정금융자산 : $(7,000 \times 10) - (6,000 \times 10) = 10,000$
- 기타포괄손익－공정가치측정금융자산 : 0

09

정답 ①

- 평균매출채권 : $\frac{150,000 + 450,000}{2} = 300,000$
- 매출채권회전율 : $\frac{4,500,000}{300,000} = 15$
- 평균재고자산 : $\frac{240,000 + 160,000}{2} = 200,000$
- 재고자산회전율 : $\frac{4,000,000}{200,000} = 20$
- 재고자산평균처리기간 : $\frac{360}{20} = 18$

10

정답 ④

연결재무제표는 연결회사와 종속회사를 연결한 실체의 자산 등의 정보를 제공하기 위해 만들어졌다.

11

정답 ②

- 총지급액 : $100,000 + (8,000 \times 3) = 124,000$
- 총이자비용 : $124,000 - 105,344 = 18,656$

12

정답 ①

- 보통주 당기순이익 : $650,000 - (5,000 \times 100 \times 10\%) = 600,000$
- 가중평균유통보통주식수 : $1,000 \times \frac{12}{12} + 800 \times \frac{3}{12} = 1,200$
- 기본주당순이익 : $\frac{600,000}{1,200} = 500$

13

정답 ②

$1,000,000 + 50,000 + 20,000 - 100,000 - 150,000 - 200,000 = 620,000$

14

정답 ③

- 20X1년 말 대손충당금 : 100,000－96,000＝4,000
- 20X2년 말 대손충당금 : 120,000－118,900＝1,100

〈대손충당금〉

대손발생	2,000	기초잔액	4,000
기말잔액	1,100	대손상각비환입	(900)
	3,100		3,100

15

정답 ②

- 20X2년 말 장부가액 : $100{,}000-\frac{100{,}000-20{,}000}{4}\times 2=60{,}000$
- 20X3년 초 장부가액 : 60,000＋16,000＝76,000
- 20X3년 감가상각비 : $\frac{76{,}000-20{,}000}{2+2}=14{,}000$

16

정답 ①

(60,000＋45,000＋35,000＋26,000＋45,000)－(30,000＋60,000)＝121,000

17

정답 ①

－16,000＋22,000＋10,000－8,000＝8,000

18

정답 ④

- 제품 A 매출원가 : 300×30×70%＝6,300
- 제품 A 배부 결합원가 : 6,300－2,100＝4,200

19

정답 ⑤

- 20X1년 판매량 : $\frac{80{,}000}{250}=320$
- 20X2년 목표판매량 : $\frac{20{,}000+22{,}000}{120}=350$
- 판매량 증가분 : 350－320＝30

20

정답 ①

〈재공품〉

기초재공	300(30%)	완성－기초재공	300(30%)
당기착수	3,500	완성－당기착수	3,000
		기말재공	500(40%)
	3,800		3,800

- 재료원가 완성품환산량 : 3,000＋500＝3,500
- 가공원가 완성품환산량 : (300×70%)＋3,000＋(500×40%)＝3,410

공기업 회계학

제2회 최종모의고사 정답 및 해설

01	02	03	04	05	06	07	08	09	10	11	12	13	14	15	16	17	18	19	20
①	①	①	④	④	③	④	⑤	⑤	③	③	①	②	①	③	①	④	②	③	②

01

정답 ①

공정가치모형을 적용하는 경우 감가상각비를 인식하지 않는다.

02

정답 ①

생산에 투입하기 위해 보유하는 원재료 및 기타 소모품은 제품의 원가가 순실현가능가치를 초과할 것으로 예상된다면 감액한다.

03

정답 ①

〈재무상태표〉

상품	700,000	선수수익	250,000
미수금	200,000	차입금	1,100,000
현금	900,000	선수금	450,000
매출채권	500,000	자본	1,100,000
대여금	600,000		
	2,900,000		2,900,000

- 20X1년 초 부채 : 1,800,000－300,000＝1,500,000
- 20X1년 초 자본 : 1,100,000＋150,000＝1,250,000
- 20X1년 초 자산 : 1,500,000＋1,250,000＝2,750,000

04

정답 ④

- 취득원가 : 100,000×2.40183＝240,183
- 20X1년 감가상각비 : $(240,183-0)\times\frac{1}{3}=80,061$
- 20X1년 이자비용 : 240,183×12%≒28,822
- 20X1년 인식비용 : 80,061＋28,822＝108,883

05

정답 ④

포괄손익계산서 또는 주석에 특별손익항목으로 별도로 표시해서는 안 된다.

06

정답 ③

고객에게 이전할 재화나 용역에 대하여 받을 권리를 갖게 될 대가의 회수 가능성이 높지 않은 경우 수익을 인식하지 않는다.

07

정답 ④

- 기초자본 : 45,000－15,000＝30,000
- 기말자본 : 30,000＋2,000－3,000＋1,500＋기타포괄손익＝32,400
- 기타포괄손익 : 1,900

08

정답 ⑤

(2,000×500)－880,000＝120,000

09

정답 ⑤

- A : 유동자산 감소, 당좌자산 감소, 유동부채 불변, 유동비율 감소, 당좌비율 감소
- B : 유동자산 증가, 당좌자산 증가, 유동부채 불변, 유동비율 증가, 당좌비율 증가

10

정답 ③

중립적 정보는 목적이 없거나 행동에 대한 영향력이 없는 정보가 아니다. 오히려 정보이용자의 의사결정에 영향을 주는 정보가 더 목적적합한 정보이다.

11

정답 ③

매 기말의 장부가액은 전기 말의 장부가액에 당기에 발생한 사채발행차금 상각액을 더해 계산되므로 매년 증가하며, 장부가액에 유효이자율을 곱한 이자비용도 매년 증가한다.

12

정답 ①

- 취득 시 장부가액 : 2,000×1,000×30%＝600,000
- 20X1년 말 장부가액 : 600,000－(50×300)－(200,000×30%)＝525,000

13

정답 ②

200－100＋250＝350

14

정답 ①

	회사 측	은행 측
수정 전 잔액	5,000	13,000
은행 측 오류		3,000
받을어음 추심	3,000	
기발행미인출수표		(4,000)
회사 측 오류	5,000	
부도수표	(1,000)	
수정 후 잔액	12,000	12,000

15

정답 ③

- M회사 : 150,000－300,000＝150,000 손실
- N회사 : 250,000－350,000＝100,000 손실

16

정답 ①

〈재고자산〉

기초	12,000	매출원가	40,000
매입액	39,000	기말	11,000
	51,000		51,000

〈매입채무〉

현금지급액	35,000	기초	8,000
기말	12,000	매입	39,000
	47,000		47,000

17

정답 ④

- 직접제조원가 : 생산직 급여, 타이어 구입액
- 판매관리비 : 판매관리직 급여, 마케팅 지원센터 전기요금

18

정답 ②

- 절단부 : $\left(50,000\times\frac{300}{500}\right)+\left(100,000\times\frac{500}{1,000}\right)=80,000$
- 조립부 : $\left(50,000\times\frac{200}{500}\right)+\left(100,000\times\frac{500}{1,000}\right)=70,000$

19

정답 ③

$100,000 \times 20\% = 20,000$

20

정답 ②

- 당기착수완성품 수량 $= 820 - 100 = 720$
- 완성품에 배분될 정상공손원가 $=$ 정상공손원가 $\times \dfrac{\text{당기착수완성품 수량}}{\text{당기착수완성품 수량} + \text{기말재공품 수량}}$

$$= 32,000 \times \frac{720}{720 + 180} = 25,600$$

공기업 회계학

제3회 최종모의고사 정답 및 해설

01	02	03	04	05	06	07	08	09	10	11	12	13	14	15	16	17	18	19	20
③	④	②	③	③	⑤	②	⑤	⑤	③	⑤	②	②	①	②	③	②	⑤	④	②

01

정답 ③

- B회사의 순자산 공정가치 : 15,000,000 + 5,000,000 − 9,000,000 = 11,000,000
- 영업권으로 계상하여야 할 금액 : 20,000,000 − 11,000,000 = 9,000,000

02

정답 ④

- 기말재고(판매가) : 10,000 + 40,000 + 200 − 300 − 400 − 100 − 30,000 = 19,400
- 원가율 : $\frac{20,000-100}{40,000+200-400}=50\%$
- 기말재고(원가) : 19,400 × 50% = 9,700
- 매출원가 : 7,000 + 20,000 − 100 − 9,700 = 17,200

03

정답 ②

- 손상차손 : 250,000 − (200,000 − 70,000) = 120,000
- 당기손익수정 : −120,000 + 50,000 = −70,000
- 당기순이익 : 150,000 − 70,000 = 80,000
- 이익잉여금 : 30,000 + 80,000 = 110,000

04

정답 ③

- 자본화이자율 : $\frac{12,000}{100,000}=12\%$
- 일반차입금 자본화금액 : (320,000 − 160,000) × 12% = 19,200, Min[19,200, 12,000] = 12,000
- 자본화할 차입원가 : 18,400 + 12,000 = 30,400

05

정답 ③

중간재무보고서는 당해 중간보고기간 말과 직전 연차보고기간 말을 비교하는 형식으로 작성한다.

06

정답 ⑤

- 20X1년 누적진행률 : $\frac{20억}{80억}=25\%$
- 20X1년 인식 계약수익 : 100억×25%=25억
- 20X2년 누적진행률 : $\frac{20억+40억}{100억}=60\%$
- 20X2년 인식 계약손익 : {(120억×60%)−25억}−40억=7억 이익

07

정답 ②

- 1월 : 1,000×5,000=5,000,000
- 3월 : 200×6,000=1,200,000 감소
- 4월 : 200×7,000=1,400,000 감소
- 5월 : 100×8,000=800,000 증가
- 9월 : 100×9,000=900,000 증가
- 기말 : 4,100,000

08

정답 ⑤

- 20X1년 이자수익 : 952,000×12%=114,240
- 20X2년 1월 1일 처분손익 : 920,000−{952,000+114,240−(1,000,000×10%)}=46,240 손실

09

정답 ⑤

- 이자보상비율 : $\frac{300,000}{40,000}=7.5$
- 총자산영업이익률 : $\frac{450,000}{3,000,000}=15\%$

10

정답 ③

공정가치를 측정하기 위해 사용하는 가치평가 기법은 관측할 수 있는 투입변수를 최대한으로 사용하고, 관측할 수 없는 투입변수를 최소한으로 사용한다.

11

정답 ⑤

- 20X1년 이자비용 : 950,258×10%≒95,026
- 20X1년 상각후원가측정금융자산가액 : 95,026−(1,000,000×8%)=15,026
- 20X1년 말 사채할인발행차금가액 : 1,000,000−(950,258+15,026)=34,716
- 20X2년 1월 1일 처분손익 : 970,000−(950,258+15,026)=4,716

12

정답 ②

- 주가수익률$=\frac{1,000}{\text{주당이익}}=5$, 주당이익$=200$
- 주당이익$=\frac{60,000}{\text{가중평균유통보통주식수}}=200$, 가중평균유통보통주식수$=300$

13

정답 ②

$600,000+20,000+\{(40\times1,000)-2,000\}-(3\times3,000)+1,000-3,000=647,000$

14

정답 ①

- 어음가치 : $72,000+\left(72,000\times5\%\times\frac{5}{12}\right)=73,500$
- 현금수령액 : $73,500-\left(73,500\times\text{할인율}\times\frac{3}{12}\right)=72,030$ → 할인율$=8\%$
- (차) 현금 72,030 (대) 매출채권 72,000
  어음처분손실 570 이자수익 600

15

정답 ②

- 연평균지출액 : $\left(50,000\times\frac{6}{12}\right)+\left(40,000\times\frac{3}{12}\right)=35,000$
- 자본화 이자비용(일반차입금) : $\left\{35,000-\left(50,000\times\frac{6}{12}\right)\right\}\times10\%=1,000$
- 전체 이자비용(일반차입금) : $25,000\times10\%\times\frac{12}{12}=2,500$
- 당기손익인식 이자비용 : $2,500-1,000=1,500$

16

정답 ③

- 기말재고(판매가) : $3,000+19,900+270-50-180+60-(20,000+200)=2,800$
- 원가율 : $\frac{14,900}{19,900+270-50-180+60}=74.5\%$
- 기말재고(원가) : $2,800\times74.5\%=2,086$

17

정답 ②

- ㄴ : $300,000-110,000-80,000=110,000$
- ㄱ : $20,000+100,000-110,000=10,000$
- ㄷ : $5,000+300,000-20,000=285,000$
- ㄹ : $40,000+400,000-285,000=155,000$

18

정답 ⑤

(실제 직접노무시간$\times12)-(25,000\times2\times12)=60,000$ → 실제 직접노무시간$=55,000$

19

정답 ④

- 공헌이익 : 1,000,000×30%=300,000
- 영업이익 : 300,000−180,000=120,000
- 영업레버리지도 : $\frac{300,000}{120,000}=2.5$

20

정답 ②

- 정상공손수량 : 10,000×10%=1,000
- 정상공손원가 : (1,000×30)+(1,000×70%×20)=44,000

제4회 최종모의고사 정답 및 해설

01	02	03	04	05	06	07	08	09	10	11	12	13	14	15	16	17	18	19	20
③	②	①	③	④	④	②	⑤	③	⑤	⑤	①	①	④	③	④	①	④	③	①

01

정답 ③

내부 프로젝트의 연구단계에서 발생한 지출은 발생시점에 비용으로 인식한다.

02

정답 ②

- 평균법 적용 시 : 기초재고 5,000 감소, 기말재고 7,000 감소 → 매출원가 2,000 증가 → 당기순이익 2,000 감소
- 매출총이익 : 55,000－2,000＝53,000

03

정답 ①

(차) 채무(부채)	100	(대) 매출(수익)	100
(차) 매출원가(비용)	80	(대) 재고자산(자산)	80

- 순이익 : 매출－매출원가＝100－80＝20 증가

04

정답 ③

- 상업적 실질이 있는 경우 : 8,000(공정가치)
- 상업적 실질이 결여된 경우 : 5,500(장부가액)＋1,500＝7,000

05

정답 ④

매출채권에 대한 대손충당금과 재고자산에 대한 재고자산평가충당금과 같은 평가충당금을 차감해 관련 자산을 순액으로 측정하는 것은 상계표시에 해당하지 않는다.

06

정답 ④

- 20X2년 진행률 : $\frac{2,400,000}{1,600,000+2,400,000}=60\%$
- 20X2년 이익 : (5,000,000－1,600,000－2,400,000)×60%＝600,000

07

정답 ②

- 20X1년 말 순자산액 : 350,000－200,000＝150,000
- 20X1년 초 순자산액 : 150,000＋5,000－125,000＝30,000

08

정답 ⑤

기타포괄손익－공정가치측정금융자산은 손익에 영향을 주지 않는다.

09

정답 ③

- 총자산회전율 : $\frac{\text{매출액}}{\text{총자산}}$, 총자산(분모)이 감소하므로 총자산회전율은 증가한다.
- 당좌비율 : $\frac{\text{당좌자산}}{\text{유동부채}}$, 당좌자산(분자)이 감소하므로 당좌비율은 감소한다.

10

정답 ⑤

비교 가능성은 목표이고, 일관성은 목표를 위한 수단이므로 동일하지 않다.

11

정답 ⑤

1,000,000－(15,025＋16,528＋18,195)＝950,252

12

정답 ①

- 차감할 일시적 차이 : $360{,}000-\left(360{,}000\times\frac{9}{36}\right)=270{,}000$
- 일시적 차이 연도별 귀속 : 120,000(20X2년, 20X3년), 30,000(20X4년)
- 이연법인세자산 : (120,000×25%)＋(120,000×20%)＋(30,000×20%)＝60,000

13

정답 ①

- 20X1년 7월 1일 기계장치 순장부가액 : 120,000－40,000＝80,000
- 20X1년 감가상각비 : $(80{,}000-20{,}000)\times\frac{4}{10}\times\frac{6}{12}=12{,}000$
- 20X1년 말 기계장치 순장부가액 : 80,000－12,000＝68,000

14

정답 ④

300,000－4,000－10,000＋20,000＋4,500＝310,500

15

정답 ③

- 당기순이익 : (5,000－1,000)－(200＋100)－400＝3,300
- 이익잉여금 : 50,000＋3,300－300＝53,000

16

정답 ④

- 매출액 : 600,000(전액)
- 적송품 금액 : $\frac{\{(1,200\times500)+30,000\}\times100}{500}=126,000$

17

정답 ①

- 단위당 기초원가 : $28,000+40,000=68,000$
- 단위당 가공원가 : $40,000+60,000+\frac{200,000}{20}=110,000$

18

정답 ④

- 고급형 제조간접원가 : $\left(6,000\times\frac{10}{30}\right)+\left(9,000\times\frac{100}{200}\right)=6,500$
- 고급형 단위당 제조원가 : $\frac{5,000+3,500+6,500}{100}=150$

19

정답 ③

- 매출액 : $100\times2,000=200,000$
- 변동비율 : $\frac{150,000}{200,000}=0.75$
- 손익분기점 판매액 : $\frac{30,000}{1-0.75}=120,000$

20

정답 ①

- 직접재료원가 A : $5,000+2,000=7,000$
- 직접재료원가 B : 5,000
- 가공원가 : $(1,000\times20\%)+5,000+(2,000\times40\%)=6,000$

공기업 회계학

제5회 최종모의고사 정답 및 해설

01	02	03	04	05	06	07	08	09	10	11	12	13	14	15	16	17	18	19	20
②	③	④	④	①	⑤	⑤	④	①	④	④	②	①	③	②	③	②	④	③	②

01

정답 ②

- 20X1년 말 감가상각 후 장부가액 : $10,000-\frac{10,000}{5}=8,000$
- 20X1년 말 재평가잉여금 : $8,400-8,000=400$
- 20X2년 말 감가상각 후 장부가액 : $8,400-\frac{8,400}{4}=6,300$
- 20X2년 손상차손 : $6,300-5,400-400=500$
- 20X3년 말 감가상각 후 장부가액 : $5,400-\frac{5,400}{3}=3,600$
- 20X3년 손상차손환입액 : Min[4,200−3,600, 500]=500
- 20X3년 재평가잉여금 증가액 : $4,200-3,600-500=100$

02

정답 ③

- 매출채권회전율 : $\frac{365}{73}=5$
- 매출액 : $220,000\times5=1,100,000$
- 매출원가 : $160,000\times3=480,000$
- 매출총이익 : $1,100,000-480,000=620,000$

03

정답 ④

- 보험료 : (차) 선급보험료 400,000 (대) 보험료 400,000
- 소모품 : (차) 소모품비 150,000 (대) 소모품 150,000
- 선급보험료 : $600,000\times\frac{8}{12}=400,000$
- 소모품비 : $200,000-50,000=150,000$
- 자산, 법인세비용차감전순이익 : $400,000-150,000=250,000$ 증가

04

정답 ④

- 20X3년 1월 1일 장부가액 : $480,000-\left(480,000\times\frac{2}{4}\right)=240,000$
- 20X3년 감가상각비 : $(240,000-0)\times\frac{1}{3}=80,000$
- 20X4년 9월 말 감가상각비 : $80,000\times\frac{9}{12}=60,000$
- 20X4년 9월 말 장부가액 : $480,000-380,000=100,000$
- 유형자산처분이익 : $130,000-100,000=30,000$

05

정답 ①

유동/비유동법뿐만 아니라 유동성 순서에 따른 배열법, 혼합법이 모두 인정된다.

06

정답 ⑤

반품 가능 재화의 판매로서 반품 관련 위험을 신뢰성 있게 추정할 수 없는 경우는 판매시점에는 수익을 인식하지 않으며, 수취한 대가가 있는 경우 환불부채를 인식한다.

07

정답 ⑤

$43,000+3,000-2,000-10,000=34,000$

08

정답 ④

$(100,000\times 10\%)+(95,000-90,000)=15,000$ 증가

09

정답 ①

- 주당순이익 : $\frac{200,000}{50,000-10,000}=5$
- 유통주식수 : $50,000-10,000=40,000$
- 평균총자산 : $\frac{200,000}{20\%}=1,000,000$
- 총자산회전율 : $\frac{\text{매출액}}{\text{평균총자산}}=\frac{1,500,000}{1,000,000}=1.5$

10

정답 ④

사용가치와 이행가치는 기업이 자산을 궁극적으로 처분하거나 부채를 이행할 때 발생할 것으로 기대되는 거래원가의 현재가치를 포함한다.

11

정답 ④

- 비과세 이자수익, 자기주식처분이익 : 일시적 차이가 아니다.
- 미수이자 : $4,000\times 30\%=1,200$(차기에 과세)

12

정답 ②

- 20X1년 사채할인발행차금 상각액 : 94,651－92,269＝2,382
- (92,269×8%)－(100,000×액면이자율)＝2,382, 액면이자율＝5%

13

정답 ①

- 영업활동에서 창출된 현금 : (240,000＋3,000＋6,000－7,000)＋(40,000＋2,000＋4,000＋30,000＋10,000)＝328,000
- 영업활동에 의한 현금흐름 : 328,000－50,000＝278,000

14

정답 ③

〈매출채권, 대손충당금〉

기초 매출채권	400,000	매출채권 회수액	800,000
기초 대손충당금	(4,000)	대손상각비	6,000
외상매출액	1,000,000	회수가능 매출채권	590,000
	1,396,000		1,396,000

15

정답 ②

- 20X1년 말 장부가액 : $5,000-\left(5,000\times\frac{1}{5}\right)=4,000$
- 20X1년 말 장부가액(손상차손 인식) : Min[Max(2,500, 2,800), 4,000]＝2,800
- 20X2년 말 장부가액 : $2,800-\left(2,800\times\frac{1}{4}\right)=2,100$
- 20X2년 말 장부가액(손상회복 인식) : Min[4,000, 3,000]＝3,000

16

정답 ③

- 기말재고자산

  상품 A : Min[5,500, 5,000]×2＝10,000

  상품 B : Min[7,000, 8,000]×3＝21,000

  상품 C : Min[2,000, 2,500]×2＝4,000

  10,000＋21,000＋4,000＝35,000

〈재고자산〉

기초	50,000	매출원가	965,000
당기매입	1,000,000		
매입할인	(50,000)	기말	35,000
	1,000,000		1,000,000

17

정답 ②

(20,000＋180,000＋50,000＋130,000＋90,000)－(40,000＋100,000＋300,000)＝30,000

18

정답 ④

- 단위별 총노무시간

  10단위 : 150

  20단위 : $(150\times90\%)\times2=270$

  40단위 : $\{(150\times90\%)\times90\%\}\times4=486$

- 추가 직접노무시간 : $486-150=336$
- 직접노무원가 : $336\times1{,}000=336{,}000$

19

정답 ③

- 매출액 : $\dfrac{240{,}000}{60\%}=400{,}000$
- 공헌이익 : $400{,}000\times40\%=160{,}000$
- 영업이익 : $160{,}000-60{,}000=100{,}000$
- 영업레버리지도 : $\dfrac{160{,}000}{100{,}000}=1.6$

20

정답 ②

- 공손수량 : $100{,}000+800{,}000-600{,}000-200{,}000=100{,}000$
- 정상공손수량 : $(600{,}000-100{,}000+200{,}000)\times10\%=70{,}000$
- 비정상공손수량 : $100{,}000-70{,}000=30{,}000$

공기업 회계학

제6회 최종모의고사 정답 및 해설

01	02	03	04	05	06	07	08	09	10	11	12	13	14	15	16	17	18	19	20
③	②	④	②	⑤	②	②	③	⑤	①	②	②	②	③	②	①	④	④	①	③

01

정답 ③

현재의무를 이행하기 위하여 필요한 지출 금액에 영향을 미치는 미래 사건이 일어날 것이라는 충분하고 객관적인 증거가 있는 경우에는 그 미래 사건을 고려하여 충당부채 금액을 추정한다.

02

정답 ②

동일한 성격과 용도를 지닌 재고자산이라면 지역별로 분포된 사업장이나 과세 방식이 다르다고 할지라도 같은 결정 방법을 적용해야 한다.

03

정답 ④

$(60,000+1,000+30,000)-(20,000+10,000+6,000+2,000)=53,000$

04

정답 ②

$1,000,000+70,000+10,000-5,000=1,075,000$

05

정답 ⑤

경영진은 재무제표를 작성할 때 계속기업으로서의 존속 가능성을 평가해야 한다.

06

정답 ②

- 20X1년 말 장부가액 : $3,600,000-\left(3,600,000\times\frac{5}{15}\times\frac{10}{12}\right)=2,600,000$
- 20X2년 감가상각비 : $2,600,000\times\frac{12}{50}=624,000$

07

정답 ②

- 기초자본 : 50,000,000 − 65,000,000 = −15,000,000
- 수익 − 비용 : 10,000,000 − 8,000,000 = 2,000,000
- 지분출자 전 자본 : −15,000,000 + 2,000,000 = −13,000,000
- 지분출자 후 자본 : 30,000,000 − 20,000,000 = 10,000,000
- 지분출자액 : 10,000,000 − (−13,000,000) = 23,000,000

08

정답 ③

490,000 − 480,000 = 10,000 이익

09

정답 ⑤

- 차입 전 당좌비율 : $\frac{120,000}{240,000}$ = 50%
- 차입 후 당좌비율 : $\frac{170,000}{290,000}$ = 약 60%
- 차입 전 유동비율 : $\frac{360,000}{240,000}$ = 150%
- 차입 후 유동비율 : $\frac{410,000}{290,000}$ = 약 140%

10

정답 ①

현재 및 잠재적 투자자, 대여자 및 기타 채권자가 필요로 하는 모든 정보를 제공하는 것은 불가능하다. 따라서 정보이용자들은 다른 경로를 통해 관련 정보를 입수할 수 있도록 노력해야 한다.

11

정답 ②

사채를 할인발행 또는 할증발행할 경우 마지막 기간 상각 완료 후 장부가액은 사채의 액면가액이 된다.

12

정답 ②

$$\left\{(6,000+500)\times\frac{12}{12}\right\}+\left(900\times\frac{4}{12}\right)=6,800$$

13

정답 ②

- 자기주식처분이익 : 30,000 − 20,000 = 10,000
- 자본변화액 : −40,000 + 20,000 + 10,000 = 10,000 감소

14

정답 ③

30,000 + 100,000 + 20,000(은행발행 자기앞수표) + 10,000 + 300,000 = 460,000

15

정답 ②

2,000＋500＋4,000＋150＋1,700＝8,350

16

정답 ①

- 매출액 : 200,000－5,000＝195,000
- 매출원가 : (100,000－1,000＋10,000－1,000)－15,000＝93,000
- 매출총이익 : 195,000－93,000＝102,000

17

정답 ④

- 기본원가 : 직접재료원가, 직접노무원가
- 가공원가 : 직접노무원가, 제조간접원가

18

정답 ④

- 예정배부율 : $\frac{2,000}{200}=10$
- 배부액 : 210×10＝2,100
- 과대배부액＝2,100－실제 발생액＝200 → 실제 발생액＝1,900

19

정답 ①

- 공헌이익(300개 판매) : (1,000－600)×300＝120,000
- 해외판매 공헌이익 : 190,000－120,000＝70,000
- 해외판매 공헌이익＝(950－600)×해외판매수량＝70,000 → 해외판매수량＝200
- 손익분기점 판매량 : 300＋200＝500

20

정답 ③

- 직접재료비 : 600＋500＝1,100
- 가공원가 : (200×50%)＋600＋(500×60%)＝1,000
- 완성품환산량 : 1,100＋1,000＝2,100

제7회 최종모의고사 정답 및 해설

01	02	03	04	05	06	07	08	09	10	11	12	13	14	15	16	17	18	19	20
③	④	②	②	④	②	⑤	⑤	②	①	④	④	①	④	①	②	①	③	③	③

01

정답 ③

- 투자부동산으로 분류 : 150,000－100,000＝50,000(당기손익), 이익잉여금 50,000 증가
- 유형자산으로 분류 : 150,000－100,000＝50,000(기타포괄손익), 이익잉여금 불변

02

정답 ④

④는 부속명세서에 대한 설명이다. 주석은 재무제표를 구성하는 주요 요소 중 하나로서, 재무상태표, 손익계산서, 현금흐름표, 자본변동표 등의 주 재무제표에 나오지 않는 추가적인 정보를 제공하는 역할을 한다.

03

정답 ②

- 기말재고(판매가) : 70,000＋140,000＋7,000－3,500－500－112,000－1,500＝99,500
- 원가율 : $\frac{44,500+105,000-350}{70,000+140,000+7,000-3,500-500} \fallingdotseq 70\%$
- 기말재고(원가) : 99,500×70%＝69,650

04

정답 ②

- 3월 1일 : 영향 없음
- 10월 1일 : $120,000\times\frac{3}{12}=30,000$
- 11월 1일 : $90,000\times\frac{4}{6}=60,000$
- 12월 1일 : $1,000,000\times 6\%\times\frac{1}{12}=5,000$
- 수정 후 당기순이익 : 300,000－30,000－60,000－5,000＝205,000

05

정답 ④

- 20X2년 말 장부가액 : $30,000-\left\{(30,000-1,000)\times\frac{2}{5}\right\}=18,400$
- 20X2년 말 손상차손 : $18,400-16,000=2,400$
- 20X3년 말 장부가액 : $16,000-\left\{(16,000-1,000)\times\frac{1}{3}\right\}=11,000$
- 20X3년 말 손상차손환입 : $\text{Min}[12,600,\ 13,000]-11,000=1,600$

06

정답 ②

도착지 인도기준이므로 도착지에 도착해야만 수익을 인식할 수 있다.

07

정답 ⑤

- 사채발행가액 : $(1,000,000\times0.71)+(1,000,000\times10\%\times2.4)=950,000$
- 이자수익 : $950,000\times12\%=114,000$
- 장부가액(공정가치 평가 전) : $950,000+\{114,000-(1,000,000\times10\%)\}=964,000$
- 금융자산처분이익 : $974,000-964,000=10,000$

08

정답 ⑤

$(6,000\times200)-80,000-10,000=1,110,000$

09

정답 ②

- 유동자산 : $2,000\times250\%=5,000$
- 당좌자산 : $2,000\times100\%=2,000$
- 재고자산 : $5,000-2,000=3,000$
- 매출원가 : $3,000\times5=15,000$
- $\frac{2,000+3,000}{\text{자본}}=200\%$ → 자본$=2,500$

10

정답 ①

측정일 현재 동등한 자산의 원가로서 측정일에 지급할 대가와 그날에 발생할 거래원가를 포함하는 것은 현행원가이다.

11

정답 ④

- 사채상환손익 : 장부가액$-\{113,000-(100,000\times10\%)\}=-8,000$
- 장부가액 : $95,000$
- 사채할인발행차금 : $100,000-95,000=5,000$

12

정답 ④

- 당기순이익 : 600,000×25%=150,000
- 현금배당액 : 200,000×25%=50,000
- 처분 전 장부가액 : 1,000,000+150,000−50,000=1,100,000
- 처분손익 : 1,100,000−930,000=170,000 손실

13

정답 ①

- 4월 1일 : (1,000×2,000)−500,000=1,500,000
- 5월 1일 : 100×3,000=300,000
- 11월 1일 : 100×2,000=200,000
- 20X1년 말 자본총계 : 10,000,000+1,500,000−300,000+200,000+1,000,000=12,400,000

14

정답 ④

- 어음가치 : $400,000+\left(400,000\times 9\%\times \frac{3}{12}\right)=409,000$
- 할인액 : $409,000\times 12\%\times \frac{1}{12}=4,090$
- 현금수령액 : 409,000−4,090=404,910
- 이자수익 : $400,000\times 9\%\times \frac{2}{12}=6,000$

15

정답 ①

- 20X1년 말 재평가잉여금 : 16,000−(15,000−1,000)=2,000
- 20X1년 말 장부가액 : 16,000
- 20X2년 말 장부가액 : 16,000−2,000=14,000
- 20X2년 말 재평가손실 : 14,000−11,000−2,000=1,000

16

정답 ②

- 매출원가 : 2,000×(1−20%)=1,600

〈재고자산〉

기초	1,500	매출원가	1,600
당기매입	700	기말	600
	2,200		2,200

- 재고자산손실액 : 600×30%=180

17

정답 ①

- 직접재료비 : 34,000＋56,000－10,000＝80,000
- 직접노무비 : 320,000－80,000＝240,000
- 240,000＝가공원가×(1－60%) → 가공원가＝600,000
- 당기총제조원가 : 80,000＋600,000＝680,000

〈재공품, 제품〉

기초재공품	37,000	매출원가	659,000
기초제품	10,000	기말재공품	20,000
당기총제조원가	680,000	기말제품	48,000
	727,000		727,000

18

정답 ③

증분수익 : {(2,000×750)＋(800,000×20%)＋200,000}－(2,000×900)＝60,000 이익

19

정답 ③

- 단위당 공헌이익
  A : 500－300＝200
  B : 800－700＝100
- [{(200×3)＋(100×2)}×묶음 수]－(600,000＋360,000)＝0 → 묶음 수＝1,200
- 손익분기점 판매량
  A : 1,200×3＝3,600
  B : 1,200×2＝2,400

20

정답 ③

- 완성품환산량 : (5,000×60%)＋12,500＋(7,500×20%)＝17,000
- 완성품환산량 단위당 가공원가 : $\frac{17,000,000}{17,000}=1,000$
- 기말재공품 가공원가 : 1,500×1,000＝1,500,000

공기업 회계학

제8회 최종모의고사 정답 및 해설

01	02	03	04	05	06	07	08	09	10	11	12	13	14	15	16	17	18	19	20
④	③	②	③	①	②	①	③	④	④	②	①	②	②	①	③	④	②	①	③

01

정답 ④

무형자산 중 내용연수가 비한정인 것은 감가상각하지 않고 매년 말 손상검사를 수행한다.

02

정답 ③

1,000,000＋210,000(적송품)＋80,000(시송품)＝1,290,000

03

정답 ②

ㄱ. 차변과 대변에 다른 금액이 기입되었으므로 각각의 합계가 다르게 된다.

ㄴ. 대변에 기입되어야 할 항목이 차변에 중복으로 기입되었으므로 각각의 합계가 다르게 된다.

ㄷ. 다른 계정과목으로 기입했더라도 차변과 대변의 합계에는 영향이 없으므로 시산표를 통해서는 오류를 발견할 수 없다.

04

정답 ③

- 차입자금의 가치 : 100,000×0.7350＝73,500
- 정부보조금 : 100,000－73,500＝26,500
- 20X1년 말 정부보조금 잔액 : $26,500-\left(26,500\times\frac{1}{4}\right)=19,875$
- 20X1년 말 장부가액 : 100,000－25,000－19,875＝55,125

05

정답 ①

기타포괄손익의 항목(재분류조정 포함)과 관련한 법인세비용 금액은 포괄손익계산서나 주석에 공시한다.

06

정답 ②

- 20X1년 계약원가 : 15,000×30%＝4,500
- 20X2년 계약원가 : (16,000×60%)－4,500＝5,100

07

정답 ①

주식분할은 총자본액은 그대로 둔채 주식의 수만 변화시키는 것이다.

08

정답 ③

- 당기손익측정 : 1,400,000－1,100,000＝300,000
- 기타포괄손익측정 : 1,700,000－1,500,000＝200,000
- 총포괄손익 : 300,000＋200,000＝500,000 이익

09

정답 ④

- $0.5(\text{총자산회전율})=\frac{\text{매출액}}{2{,}000\text{억}}$ → 매출액＝1,000억
- $10\%(\text{매출액순이익률})=\frac{\text{당기순이익}}{1{,}000\text{억}}$ → 당기순이익＝100억
- $300\%(\text{부채비율})=\frac{\text{부채}}{\text{자기자본}}$ → 부채＝3×자기자본, 부채＋자기자본＝2,000억, 자기자본＝500억
- 자기자본순이익률 : $\frac{100\text{억}}{500\text{억}}=20\%$

10

정답 ④

개념체계와 한국채택국제회계기준이 상충하는 경우에는 한국채택국제회계기준이 개념체계보다 우선한다.

11

정답 ②

사채를 할증발행한 경우는 현금이자지급액이 사채이자비용보다 크다.

12

정답 ①

- 법인세부채 : 7,000,000×20%＝1,400,000
- 이연법인세자산 : 900,000×20%＝180,000
- 법인세비용 : 1,400,000－180,000＝1,220,000

13

정답 ②

- 영업활동현금흐름 : 54,000－31,000＝23,000
- 매출총이익－500－2,500＋2,000＋3,000＝23,000 → 매출총이익＝21,000

14

정답 ②

500,000－300,000＝200,000

15

정답 ①

- 20X1년 10월 1일~12월 31일 감가상각비 : $(1,200,000-200,000)\times\frac{4}{10}\times\frac{3}{12}=100,000$
- 20X2년 감가상각비 : $(1,200,000-200,000)\times\left\{\left(\frac{4}{10}\times\frac{9}{12}\right)+\left(\frac{3}{10}\times\frac{3}{12}\right)\right\}=375,000$
- 20X2년 말 감가상각누계액 : $100,000+375,000=475,000$

16

정답 ③

- 매입단가(10월 11일) : $\frac{360,000-30,000}{300}=1,100$
- 상품재고액 : $(50\times1,300)+(50\times1,100)=120,000$

17

정답 ④

- 직접재료원가 : $200+500-100=600$
- 직접노무원가=직접재료원가 → 직접노무원가=600
- 제조간접원가 : $100+50+300=450$
- 당기제품제조원가 : $1,500+1,650-1,000=2,150$

18

정답 ②

- 배부율

  재료이동 : $\frac{4,000,000}{1,000}=4,000$

  성형 : $\frac{3,000,000}{15,000}=200$

  도색 : $\frac{1,500,000}{7,500}=200$

  조립 : $\frac{1,000,000}{2,000}=500$

- 활동원가=$(80\times4,000)+(1,000\times200)+(300\times200)+$(기계작업시간$\times500)=830,000$ → 기계작업시간=500

19

정답 ①

- 제품별 공헌이익률

  제품 A : $\frac{360,000}{900,000}=40\%$

  제품 B : $\frac{1,125,000}{2,250,000}=50\%$

  제품 C : $\frac{540,000}{1,350,000}=40\%$

- 전체 공헌이익률 : $\left(40\%\times\frac{90}{450}\right)+\left(50\%\times\frac{225}{450}\right)+\left(40\%\times\frac{135}{450}\right)=45\%$
- (0.45×손익분기점 매출액)−810,000=0 → 손익분기점 매출액=1,800,000
- 제품 A 손익분기점 매출액 : $1,800,000\times\frac{90}{450}=360,000$

20

정답 ③

〈재공품〉

기초재공	500	완성－기초재공	500(30%)
전공정대체	5,500	완성－당기착수	5,300
		기말재공	200(30%)
	6,000		6,000

• 직접재료비 완성품환산량 : 500＋5,300＝5,800

• 가공비 완성품환산량 : (500×70%)＋5,300＋(200×30%)＝5,710

제9회 최종모의고사 정답 및 해설

01	02	03	04	05	06	07	08	09	10	11	12	13	14	15	16	17	18	19	20
②	①	②	③	②	③	②	②	⑤	①	②	②	④	①	③	④	②	②	①	②

01

정답 ②

• 원가모형 : $\frac{1,000,000}{20}=50,000$(감가상각비)

• 공정가치모형 : 930,000－1,000,000＝70,000(평가손실)

02

정답 ①

• 기말재고 : Min[180, 100]×3＝300

〈재고자산〉

기초	2,400	매출원가	7,500
매입	5,400	기말	300
	7,800		7,800

• 매출총이익 : 13,800－7,500＝6,300

03

정답 ②

• $120,000\times\frac{3}{6}=60,000$

• (차) 임차료 60,000 (대) 선급임차료 60,000

04

정답 ③

• 재평가 전 건물가액 : 5,000,000－800,000＝4,200,000

• 재평가 비율 : $\frac{6,300,000}{4,200,000}=1.5$

• 재평가 후 건물가액 : 6,500,000－감가상각누계액＝5,300,000

• 감가상각누계액 : 1,200,000

05

정답 ②

재분류조정을 주석에 표시하는 경우에는 관련 재분류조정을 반영한 후에 기타포괄손익의 항목을 표시한다.

06

정답 ③

$10,000 \times 20\% = 2,000$(자산)

07

정답 ②

$(140 \times 5,000) + 300,000 - (20 \times 4,900) - (40 \times 5,300) = 690,000$

08

정답 ②

- 이자수익(당기손익) : $1,000,000 \times 4\% \times \frac{9}{12} = 30,000$ 이익
- 기타포괄손익 : $(9,500 - 10,000) \times 100 = 50,000$ 손실

09

정답 ⑤

- 평균매출채권 : $\frac{10,000 + 20,000}{2} = 15,000$
- 매출액 : $15,000 \times 8 = 120,000$
- 평균재고자산 : $\frac{8,000 + 12,000}{2} = 10,000$
- 매출원가 : $10,000 \times 10 = 100,000$
- 매출총이익 : $120,000 - 100,000 = 20,000$

10

정답 ①

과거 사건으로 생긴 현재의 의무를 수반하고, 금액을 추정할 수 있다면 부채로 인식한다.

11

정답 ②

- 20X2년 기초장부가액 : $430,000 - 30,000 = 400,000$
- 20X2년 이자비용 : $400,000 \times$ 유효이자율 $= 60,000$
- 유효이자율 : 15%

12

정답 ②

- 투자차액(상각자산) : $(10,000 - 9,000) \times 30\% = 300$
- 투자차액(재고자산) : $(4,000 - 3,000) \times 30\% = 300$
- 지분법평가이익 : $(2,200 \times 30\%) - \frac{300}{5} - 300 = 300$

13

정답 ④

500,000－100,000＋300,000－200,000＋미지급비용 증감＝900,000, 미지급비용 증감＝400,000 증가

14

정답 ①

• 기초대손충당금 : 26,000－24,500＝1,500
• 기말대손충당금 : 30,000－26,500＝3,500
• 대손상각비 : 3,500－1,500＝2,000

15

정답 ③

〈기계장치〉

기초	11,000,000	처분	2,500,000
취득	4,000,000	기말	12,500,000
	15,000,000		15,000,000

〈감가상각누계액〉

처분	1,000,000	기초	4,000,000
기말	4,500,000	감가상각비	1,500,000
	5,500,000		5,500,000

16

정답 ④

기말재고자산이 과대계상되면 매출원가가 과소계상되며, 이에 따라 당기순이익이 과대계상된다. 그런데 이는 자동조정오류에 해당하므로 차기의 당기순이익은 과소계상된다.

17

정답 ②

• 매출원가 : (170,000＋830,000＋2,250,000＋130,000)－(320,000＋110,000)＝2,950,000
• 매출총이익 : 3,835,000－2,950,000＝885,000

18

정답 ②

• 단위당 고정제조간접원가 : $\frac{500,000}{5,000}=100$
• 변동원가영업이익을 0으로 놓으면 전부원가영업이익은 300,000이다.
• 전부원가영업이익＝0＋(기말재고수량×100)＝300,000 → 기말재고수량＝3,000
• 판매수량 : 5,000－3,000＝2,000

19

정답 ①

- 세전이익＝(매출액×35%)－140,000＝297,500 → 매출액＝1,250,000
- 손익분기점 매출액 : $\frac{140,000}{35\%}=400,000$
- 안전한계율 : $\frac{1,250,000-400,000}{1,250,000}=68\%$

20

정답 ②

- 평균법 : 3,200＋(500×50%)＝3,450
- 선입선출법 : 3,200－(200×40%)＋(500×50%)＝3,370

공기업 회계학

제10회 최종모의고사 정답 및 해설

01	02	03	04	05	06	07	08	09	10	11	12	13	14	15	16	17	18	19	20
④	⑤	③	②	①	①	③	②	④	③	⑤	①	①	③	②	④	④	①	②	④

01

정답 ④

투자부동산에 대해 공정가치모형을 적용하는 경우 감가상각비는 인식하지 않는다.

02

정답 ⑤

- 매출액 : 139,500+22,000=161,500
- 매입액 : 118,000−15,000=103,000
- 매출원가 : 103,000−20,000=83,000
- 매출총이익 : 161,500−83,000=78,500

03

정답 ③

(차) 차입금(부채)	1,000	(대) 현금(자산)	1,120
이자비용(비용)	120		

04

정답 ②

- 취득원가 : 20,000,000+(1,000,000×0.79383)=20,793,830
- 20X1년 감가상각비 : $(20,793,830-0)\times\frac{1}{3}\fallingdotseq 6,931,277$

05

정답 ①

재고자산에 대한 재고자산평가충당금은 취득가액과 평가충당금을 각각 총액으로 표시한다.

06

정답 ①

거래가격은 고객에게 약속한 재화나 용역을 이전하고 그 대가로 기업이 받을 권리를 갖게 될 것으로 예상하는 금액이며, 제3자를 대신하여 회수한 금액은 제외한다.

07

정답 ③

$\{1,000\times(6,000-5,000)\}+\{1,000\times(7,000-5,000)\}-500,000=2,500,000$

08

정답 ②

- 20X1년 : $120,000-101,000=19,000$
- 20X2년 : $125,000-120,000=5,000$

09

정답 ④

- 기초유동비율=200%, 기초유동자산=2×기초유동부채 … ㉠
- 기말유동비율=150%, $\frac{\text{기초유동자산}+5,000-15,000}{\text{기초유동부채}-10,000+8,000}=1.5$, 기초유동자산=(1.5×기초유동부채)+7,000 … ㉡
- ㉠과 ㉡을 연립하면 기초유동자산=28,000
- 기말유동자산 : $28,000+5,000-15,000=18,000$

10

정답 ③

중립적 정보라고 해서 영향력이 없는 정보가 되어야 한다는 것은 아니다. 오히려 정보이용자의 의사결정에 영향을 주는 정보가 더 목적적합한 정보이다.

11

정답 ⑤

- 4월 1일 장부가액 : $47,513+\{(47,513\times10\%)-(50,000\times8\%)\}\times\frac{3}{12}≒47,701$
- 4월 1일 액면이자 : $50,000\times8\%\times\frac{3}{12}=1,000$
- 4월 1일 현금수령액 : $47,701+1,000=48,701$

12

정답 ①

- 당기순이익 인식 : $12,000\times25\%=3,000$
- 현금배당액 인식 : $6,000\times25\%=1,500$
- 20X1년 말 장부가액 : 취득원가$+3,000-1,500=50,000$
- 취득원가$=48,500$

13

정답 ①

발생기준 순이익$+3,000-5,000+7,000+2,000=55,000$ → 발생기준 순이익$=48,000$

14

정답 ③

- 장기미지급금 : $200,000\times0.91=182,000$
- 복구충당부채 : $30,000\times0.78=23,400$
- 금융비용 : $(182,000+23,400)\times5\%=10,270$

15

정답 ②

	회사 측	은행 측
수정 전 잔액	17,000	20,000
예금이자	1,000	
부도수표	(2,000)	
은행 측 오류		6,000
기발행미인출수표		(10,000)
수정 후 잔액	16,000	16,000

16

정답 ④

- 기말재고자산수량 : $20+30+20-25-25=20$
- 기말재고자산가액 : $20\times180=3,600$
- 매출액 : $(25\times300)+(25\times320)=15,500$
- 매출원가 : $(20\times150)+\{(30\times200)+(20\times180)\}-3,600=9,000$
- 매출총이익 : $15,500-9,000=6,500$

17

정답 ④

$(40,000+30,000+80,000+40,000)-50,000=140,000$

18

정답 ①

- 예정배부율 : $\frac{600,000}{20,000}=30$
- 예정배부액 : $18,000\times30=540,000$
- 배부차이 : $650,000-540,000=110,000$ 과소
- 매출총이익 : $400,000-110,000=290,000$

19

정답 ②

- 제품 A 고정원가 : $60\times24,000=1,440,000$
- 제품 B 고정원가 : $30\times18,000=540,000$
- 제품 C 고정원가=(단위당 판매가격$-60)\times18,000=720,000$ → 단위당 판매가격$=100$

20

정답 ④

〈재공품〉

기초재공	1,000	완성－기초재공	1,000(50%)
당기착수	4,000	완성－당기착수	2,000
		기말재공	2,000(50%)
	5,000		5,000

- 완성품환산량

  직접재료원가 : 2,000＋2,000＝4,000

  가공원가 : (1,000×50%)＋2,000＋(2,000×50%)＝3,500

- 완성품환산량 단위당 원가

  직접재료원가 : $\frac{20,000}{4,000}=5$

  가공원가 : $\frac{21,000}{3,500}=6$

- 완성품 원가 : 18,000＋(2,000×5)＋(2,500×6)＝43,000

제11회 최종모의고사 정답 및 해설

01	02	03	04	05	06	07	08	09	10	11	12	13	14	15	16	17	18	19	20
③	③	④	②	⑤	①	③	③	②	②	④	④	②	③	①	③	③	⑤	②	①

01

정답 ③

• 20X1년 말 순확정급여부채 : 300,000－290,000＝10,000

• 20X2년 말 순확정급여부채 : 10,000＋20,000－19,000＝11,000

02

정답 ③

• 기말재고(판매가) : 15,000＋85,000－74,000＝26,000

• 원가율(평균법) : $\frac{14,000+51,000}{15,000+85,000}=65\%$

• 원가율(선입선출법) : $\frac{51,000}{85,000}=60\%$

• 기말재고(원가 － 평균법) : 26,000×65%＝16,900

• 기말재고(원가 － 선입선출법) : 26,000×60%＝15,600

• 평가손실(평균법) : 16,900－16,000＝900

• 평가손실(선입선출법) : 0

03

정답 ④

• 선급보험료 과대계상 : $120,000\times\frac{6}{12}=60,000$

• 소모품 과대계상 : 200,000－100,000＝100,000

• 임대수익 과대계상 : $240,000\times\frac{2}{12}=40,000$

• 당기순이익 영향 : 60,000＋100,000＋40,000＝200,000 감소

04

정답 ②

- 20X1년 말 회수가능액 : Max[81,000, 75,000]=81,000
- 20X1년 손상차손 : 90,000−81,000=9,000
- 20X2년 감가상각비 : $(81,000-0)\times\frac{1}{9}=9,000$
- 20X2년 회수가능액 : Max[64,000, 72,000]=72,000
- 20X2년 말 장부가액 : 72,000(손상차손환입 후)

05

정답 ⑤

확정급여제도 재측정요소는 기타포괄손익 항목이며, 기타포괄손익 항목은 당기순손익과 총포괄손익 간에 차이를 발생시키는 항목이다.

06

정답 ①

- 20X1년 진행률 : $\frac{600,000}{600,000+2,400,000}=20\%$
- 20X2년 누적진행률 : $\frac{600,000+900,000}{600,000+900,000+1,500,000}=50\%$
- 20X2년 용역이익 : 5,000,000×(50%−20%)−900,000=600,000

07

정답 ③

우선주 참가 : $(13,000-10,000)\times\frac{50,000}{150,000}=1,000$

	우선주	보통주
미지급분	50,000×5%=2,500	
당기분	2,500	100,000×5%=5,000
참가분	1,000	2,000
합계	6,000	7,000

08

정답 ③

- 상각후원가 : 946,800+{(946,800×6%)−(1,000,000×4%)}=963,608
- 평가손익 : 960,000−963,608=3,608 손실

09

정답 ②

- (차) 재평가손익 10,000 (대) 토지 10,000
- 부채 대 자본비율 : 자본 감소, 비율 증가
- 매출액순이익률 : 자본 감소, 비율 감소
- 총자산회전율 : 자산 감소, 비율 증가

10

정답 ②

측정일 현재 동등한 자산의 원가로서 측정일에 지급할 대가와 그날에 발생할 거래원가를 포함하는 것은 현행원가이다.

11

정답 ④

- 20X1년 말 사채할인발행차금 상각액 : $(9,242 \times 10\%) - (10,000 \times 8\%) \fallingdotseq 124$
- 20X1년 말 사채장부가액 : $9,242 + 124 = 9,366$
- 사채상환손익 : $9,366 - 11,000 = 1,634$ 손실

12

정답 ④

- 공정가치 증자 시 발행주식수 : $4 \times \frac{25}{5} = 20$
- 유상증자 발행주식수 : 20＋무상증자 발행주식수＝25 → 무상증자 발행주식수＝5
- 무상증자비율 : $\frac{5}{30+20} = 10\%$
- 가중평균유통보통주식수
  1월 1일 : $30+3=33$
  7월 1일 : $20+2=22$
  가중평균유통보통주식수 : $\left(33 \times \frac{12}{12}\right) + \left(22 \times \frac{6}{12}\right) = 44$
- 주당순이익 : $\frac{88}{44} = 2$
- PER : $\frac{6}{2} = 3$

13

정답 ②

- 토지 처분으로 인한 현금유입 : 0
- 건물 처분으로 인한 현금유입 : 70,000
- 투자활동으로 인한 현금유입 : 70,000

14

정답 ③

〈매출채권, 대손충당금〉

순매출채권 감소액	18,000	현금회수액	73,000
매출액	70,000	대손상각비	15,000
	88,000		88,000

15

정답 ①

- 20X2년 회수가능액 : Max[450,000, 430,000]＝450,000
- 20X2년 손상차손 인식 : 500,000－450,000＝50,000

16

정답 ③

- 기말상품재고수량(장부) : $\frac{200,000}{2,000}=100$
- 재고자산감모손실 : 2,000×(100－실사수량)＝20,000
- 실사수량 : 90
- 재고자산평가손실 : 90×(2,000－단위당 순실현가능가치)＝18,000
- 단위당 순실현가능가치 : 1,800

17

정답 ③

- 가공원가 : (12,000＋60,000＋96,000＋150,000)－(10,000＋40,000＋50,000＋80,000)＝138,000
- 직접노무원가 : 138,000×60%＝82,800
- 직접재료원가 : 10,000＋40,000－12,000＝38,000
- 기본원가 : 38,000＋82,800＝120,800

18

정답 ⑤

- 고정제조간접원가 예산 : 900,000＋100,000＝1,000,000
- 고정제조간접원가 배부율 : $\frac{1,000,000}{10,000}=100$
- 고정제조간접원가 배부액 : 5×100×2,100＝1,050,000
- 조업도 차이 : 1,050,000－1,000,000＝50,000 유리

19

정답 ②

- 공헌이익률 : $\frac{800-500}{800}=37.5\%$
- 증분손익 : (50,000×37.5%)－15,000＝3,750 증가

20

정답 ①

- 정상공손수량 : (10,000＋3,000)×10%＝1,300
- 비정상공손수량 : 2,000－1,300＝700
- 비정상공손수량 완성품환산량 : $(700\times 50\%)+\left(700\times 50\%\times\frac{10}{50}\right)=420$

공기업 회계학

제12회 최종모의고사 정답 및 해설

01	02	03	04	05	06	07	08	09	10	11	12	13	14	15	16	17	18	19	20
①	④	③	④	②	③	②	④	①	③	②	①	③	③	①	①	④	④	⑤	④

01

정답 ①

내용연수가 비한정인 무형자산이나 아직 사용할 수 없는 무형자산은 손상검사를 매년 수행한다.

02

정답 ④

표준원가법이나 소매재고법 등의 원가측정 방법은 그러한 방법으로 평가한 결과가 실제 원가와 유사한 경우에는 편의상 사용할 수 있다.

03

정답 ③

〈수정후시산표〉

현금	130,000	미지급비용	80,000
재고자산	200,000	매입채무	170,000
미수수익	50,000	미지급금	50,000
선급비용	70,000	자본금	40,000
매출원가	100,000	기초이익잉여금	140,000
급여	50,000	매출액	120,000
	600,000		600,000

04

정답 ④

- 토지 : 1,500,000+600,000=2,100,000
- 공장설비 : 2,000,000+300,000=2,300,000
- 신축건물 : 200,000
- 중고자동차 : 300,000
- 유형자산 : 2,100,000+2,300,000+200,000+300,000=4,900,000

05

정답 ②

보고기간 종료일을 변경하여 재무제표의 보고기간이 1년을 초과하는 경우 재무제표에 해당 기간과 1년을 초과하게 된 이유 및 재무제표에 표시된 금액이 완전하게 비교 가능하지 않다는 사실을 추가로 공시한다.

06

정답 ③

- 완성기준 이익 : 200,000－150,000＝50,000
- 진행기준 이익 : 50,000×(100%－20%－50%)＝15,000
- 이익 차이 : 50,000－15,000＝35,000

07

정답 ②

- 기초자본 : 150,000－80,000＝70,000
- 기말자본 : 175,000－70,000＝105,000
- 105,000＝70,000＋15,000＋25,000＋기타포괄손익
- 기타포괄손익 : 5,000 손실

08

정답 ④

(34,000×10)－300,000＝40,000 이익

09

정답 ①

- 당좌자산 250 감소, 유동자산 250 증가, 유동부채 250 증가
- 유동비율이 100%를 넘는 상황에서 분모와 분자가 모두 동일하게 증가하므로 유동비율은 감소한다.
- 유동부채가 증가하고, 당좌자산이 감소하므로 당좌비율은 감소한다.

10

정답 ③

합리적인 판단력이 있고 독립적인 서로 다른 관찰자가 어떤 서술이 표현충실성에 있어, 비록 반드시 완전히 의견이 일치하지는 않더라도 합의에 이를 수 있다는 것은 검증 가능성이다.

11

정답 ②

사채를 할증발행한 경우 사채이자비용은 현금이자지급액에 사채할증발행차금 상각액을 차감하여 인식한다.

12

정답 ①

- 감가상각비 : $\frac{100,000}{5}=20,000$
- 일시적 차이 : 100,000－20,000＝80,000
- 이연법인세자산 : 80,000×10%＝8,000
- 미지급법인세 : (200,000＋100,000－20,000)×10%＝28,000

13

정답 ③

발생기준 수익－30,000＋20,000＝500,000 → 발생기준 수익＝510,000

14

정답 ③

20,000＋10,000＋35,000＋34,000＋47,000＝146,000

15

정답 ①

- 취득원가 : 900,000＋90,000＋10,000＝1,000,000
- 감가상각비 : $1,000,000 \times \frac{3}{10} = 300,000$

16

정답 ①

- 순매출액 : 11,000－1,000＝10,000
- 매출원가 : 10,000－2,000＝8,000
- 순매입액 : 500＋8,000－600＝7,900
- 총매입액－800＋200＝7,900 → 총매입액＝8,500

17

정답 ④

- 당기총제조원가 : 1,400,000＋200,000－100,000＝1,500,000
- 제조간접원가 : 1,500,000－1,200,000＝300,000
- 직접노무원가 : 1,100,000－300,000＝800,000

18

정답 ④

- 도색부문 배부 : 100,000＝(0.5×수선)＋(0.4×동력)
- 조립부문 배부 : 80,000＝(0.3×수선)＋(0.4×동력)
- 수선부문 배부 : 100,000, 동력부문 배부 : 125,000
- 동력부문 배부＝배부 전 원가＋(0.2×100,000)＝125,000 → 배부 전 원가＝105,000

19

정답 ⑤

- 총고정원가＝120,000×공헌이익률＝90,000 → 공헌이익률＝75%
- 매출액 : $\frac{120,000}{1-75\%} = 480,000$
- 영업이익 : 480,000－120,000－90,000＝270,000

20

정답 ④

- $\text{완성품환산량 단위당 원가} = \frac{2,000+10,000}{\text{완성품환산량}} = 30$ → 완성품환산량＝400
- 당기 완성품환산량＝300＋(200×완성도)＝400 → 완성도＝50%

공기업 회계학

제13회 최종모의고사 정답 및 해설

01	02	03	04	05	06	07	08	09	10	11	12	13	14	15	16	17	18	19	20
③	④	①	④	④	②	⑤	④	②	④	③	②	②	④	④	④	④	③	④	①

01

정답 ③

영업권＝2,000－(자산 공정가치－2,500)×75%＝500 → 자산 공정가치＝4,500

02

정답 ④

- 기말재고(판매가) : 2,100,000＋9,800,000＋200,000－100,000－10,000,000－500,000＝1,500,000
- 원가율 : $\frac{5,800,000}{9,800,000+200,000}=58\%$
- 기말재고(원가) : 1,500,000×58%＝870,000
- 매출원가 : 1,400,000＋5,800,000－870,000＝6,330,000

03

정답 ①

1,000,000－100,000－100,000－50,000＋50,000＝800,000

04

정답 ④

- 20X1년 말 재평가잉여금 : 850,000－800,000＝50,000
- 20X1년 손상액 : 0
- 20X2년 말 장부가액(손상인식 전) : $850,000-\left(850,000\times\frac{1}{4}\right)=637,500$
- 20X2년 말 회수가능액 : 637,500－62,500＝575,000
- 20X2년 말 사용가치 : Max[575,000, 568,000]＝575,000

05

정답 ④

법인세로 인한 현금흐름은 별도로 공시하며, 투자활동과 재무활동에 명백한 관련이 없는 한 영업활동현금흐름으로 분류한다.

06

정답 ②

800,000－320,000－400,000＋160,000＝240,000

07

정답 ⑤

우선주 참가 : $1,200,000 \times \frac{3}{9} = 400,000$

	우선주	보통주
미지급분	3,000,000	
당기분	1,500,000	1,800,000
참가분	400,000	800,000
합계	4,900,000	2,600,000

08

정답 ④

- 20X1년 말 상각후원가 : 850,000＋(850,000×10%)－(1,000,000×8%)＝855,000
- 20X1년 평가손익 : 860,000－855,000＝5,000
- 20X2년 말 상각후원가 : 850,000＋5,000＋(5,000×1.1)＝860,500
- 20X2년 평가손익 누적액 : 865,000－860,500＝4,500
- 20X2년 포괄손익계산서상 평가손익 : 4,500－5,000＝500 손실

09

정답 ②

- (차) 매출채권 60,000 매출(수익) 80,000
  선수금 20,000
  (차) 매출원가 50,000 재고자산 50,000
- 순유동자산 : (매출채권 변화분＋재고자산 변화분)－(선수금 변화분)＝{60,000＋(－50,000)}－(－20,000)＝30,000 증가

10

정답 ④

재무자본유지개념은 특정한 측정기준의 적용을 요구하지 않으나, 실물자본유지개념을 사용하기 위해서는 순자산을 현행원가기준에 따라 측정해야 한다.

11

정답 ③

- 20X1년 1월 1일 발행가액 : $(1,000,000 \times 0.630) + \left(1,000,000 \times 10\% \times \frac{6}{12} \times 4.623\right) = 861,150$
- 20X1년 7월 1일 장부가액 : $\{861,150 + (861,150 \times 8\%)\} - \left(1,000,000 \times 10\% \times \frac{6}{12}\right) = 880,042$
- 사채상환손익 : 880,042－900,000＝19,958 손실

12

정답 ②

- 투자차액 제거액 : $\frac{200,000 \times 20\%}{10} = 4,000$
- 관계기업투자주식 : 1,000,000－4,000＋20,000＝1,016,000

13

정답 ②

- 어음가치 : $5,000,000+\left(5,000,000\times 6\%\times \frac{120}{360}\right)=5,100,000$
- 할인액 : $5,100,000\times 0.12\times \frac{90}{360}=153,000$
- 현금수령액 : 5,100,000－153,000＝4,947,000

14

정답 ④

- 20,000＋15,000－배당＝25,000 → 배당＝10,000
- 80,000＋12,000－10,000＝82,000

15

정답 ④

- 기말재고자산(소매가) : 80,000＋160,000－150,000＝90,000
- 원가율 : $\frac{120,000}{160,000}=0.75$
- 기말재고자산원가 : 90,000×0.75＝67,500

16

정답 ④

- 20X1년 말 장부가액 : $1,000,000-\frac{1,000,000}{5}=800,000$
- 재평가잉여금 : 1,040,000－800,000＝240,000

17

정답 ④

(40,000＋40,000＋120,000＋242,000)－(20,000＋100,000＋122,000＋90,000)＝110,000

18

정답 ③

- 증분수익 : 100×600＝60,000
- 증분비용 : (100×400)＋(100×150)＝55,000
- 증분이익 : 5,000

19

정답 ④

- 단위당 공헌이익 : 25－10－6＝9
- {(9×세후현금흐름분기점 판매량)－4,000}×(1－20%)＋500＝0 → 세후현금흐름분기점 판매량＝375

20

정답 ①

- 검사통과 정상품 : 1,000＋3,300＋700＝5,000
- 정상공손수량 : 5,000×5%＝250
- 비정상공손수량 : 300－250＝50

공기업 회계학

제14회 최종모의고사 정답 및 해설

01	02	03	04	05	06	07	08	09	10	11	12	13	14	15	16	17	18	19	20
④	③	①	①	③	④	④	①	③	①	②	③	①	③	④	④	①	①	①	②

01
정답 ④

20X1년 현재의 의무가 없고, 배상금을 지급할 가능성이 아주 낮다면 공시할 필요가 없다.

02
정답 ③

- 매출원가 : 16,000＋32,000－22,000＝26,000
- 매출액 : 26,000＋13,000＝39,000
- 외상매출액 : 39,000－7,000＝32,000
- 기말 매출채권 : 10,000＋32,000－40,000＝2,000

03
정답 ①

차변에 800,000, 대변에 80,000이 기입되었으므로 시산표의 차변과 대변의 수치가 일치하지 않게 되어 자동으로 오류가 발견된다. 나머지 분개는 차변과 대변의 수치가 일치하므로 시산표만으로는 자동으로 발견될 수 없다.

04
정답 ①

- 20X3년 말 감가상각누계액 : $(1{,}000{,}000-0)\times\frac{3}{5}=600{,}000$
- 20X3년 말 정부보조금 잔액 : $100{,}000-\left(100{,}000\times\frac{3}{5}\right)=40{,}000$
- 20X3년 말 장부가액 : 1,000,000－600,000－40,000＝360,000

05
정답 ③

재무제표 본문에서 중요하지 않다고 판단하여 구분하여 표시하지 않은 항목도 주석에서는 구분하여 표시할 수 있다.

06
정답 ④

- 선수임대료 : $120,000 \times \frac{6}{12} = 60,000$
- 당기순손익 : $100,000 - 60,000 - 100,000 + 40,000 - 200,000 + 150,000 = 70,000$ 손실

07
정답 ④

- 기말자본 : $(3,000 - 1,800) + 2,000 - 1,700 - 50 - 30 = 1,420$
- 기말자산 : $1,900 + 1,420 = 3,320$

08
정답 ①

- 처분손익(당기순이익) : 0
- 총포괄손익 : $0 + (1,650,000 - 1,600,000) = 50,000$ 이익

09
정답 ③

- 유동자산 : $10,000 \times 150\% = 15,000$
- 부채비율 : $\frac{10,000 + 35,000}{15,000} = 300\%$

10
정답 ①

목적적합성과 표현충실성이 없는 정보라면 재무정보가 더 비교 가능하거나, 검증 가능하거나, 적시성이 있거나, 이해 가능하다고 하더라도 유용한 정보가 아니다.

11
정답 ②

- 20X1년 9월 1일~20X2년 8월 31일 사채할인발행차금 상각액
  $(270,000 \times 6\%) - (300,000 \times 5\%) = 1,200$
- 20X2년 9월 1일~20X2년 말 사채할인발행차금 상각액
  $\{(271,200 \times 6\%) - (300,000 \times 5\%)\} \times \frac{4}{12} = 424$
- 20X2년 말 장부가액 : $270,000 + 1,200 + 424 = 271,624$

12
정답 ③

- 가중평균유통보통주식수 : $\left(800 \times \frac{12}{12}\right) + \left(400 \times \frac{6}{12}\right) = 1,000$
- 보통주당기순이익 : $50,000 - \{(1,000 \times (500 - 400) \times 10\%)\} = 40,000$
- 기본주당이익 : $\frac{40,000}{1,000} = 40$

13
정답 ①

무상증자 시 자본금은 증가하고 자본총계는 불변한다.

14

정답 ③

- 처분대금의 현재가치 : 100,000×0.89=89,000
- 장부가액 : 100,000−80,000=20,000
- 처분손익 : 89,000−20,000=69,000 이익
- 이자수익 : 89,000×6%=5,340
- 당기순이익에 미치는 영향 : 69,000+5,340=74,340 증가

15

정답 ④

기계장치가 유휴상태가 되더라도 감가상각을 중단하지 않는다.

16

정답 ④

- 실지재고 단가 : $\frac{800+2,700+1,000}{100+300+100}=9$
- 매출원가(실지재고조사법) : 200×9=1,800
- 계속기록 단가 : $\frac{800+2,700}{100+300}=8.75$
- 매출원가(계속기록법) : 200×8.75=1,750

17

정답 ①

- 기초원가 : 60,000+15,000=75,000
- 전환원가 : 15,000(직접노무원가)+15,000(간접재료원가)+7,500+10,000+7,000+5,000=59,500

18

정답 ①

- 연산품 생산량 : A(3) − 2,400, B(2) − 1,600
- 연산품 판매가치 비율 : (40×2,400) : (60×1,600)=1:1
- 결합원가 배부 : $500,000\times\frac{1}{2}=250,000$

19

정답 ①

$$S=\frac{F+0.16S}{0.3}$$

$$0.3S=F+0.16S \rightarrow S=\frac{F}{0.14}$$

20

정답 ②

- 직접재료원가 완성품환산량=3,500+(기말재공품 환산량×100%)=5,000 → 기말재공품 환산량=1,500
- 가공원가 완성품환산량=3,500+(1,500×완성도)=4,400 → 완성도=60%

공기업 회계학

제15회 최종모의고사 정답 및 해설

01	02	03	04	05	06	07	08	09	10	11	12	13	14	15	16	17	18	19	20
②	⑤	①	③	③	④	③	④	②	③	④	⑤	②	④	③	①	③	②	②	⑤

01

정답 ②

• 20X2년 말 개발비 장부가액(감가상각 후) : $600,000-\left(\frac{600,000}{10}\times\frac{6}{12}\right)=570,000$

• 손상차손 : $500,000-570,000=-70,000$

02

정답 ⑤

80,000(원재료 A)+120,000+80,000(원재료 B)+110,000=390,000

03

정답 ①

50,000+추가할 소모품=70,000 → 추가할 소모품=20,000

04

정답 ③

• 20X1년 말 : 재평가손실 40,000 발생

• 20X2년 말 : 재평가이익 40,000 발생, 재평가잉여금 50,000 발생

05

정답 ③

비용의 기능별 분류는 성격별 분류보다 재무제표 이용자에게 더욱 목적적합한 정보를 제공할 수 있지만, 비용을 기능별로 배분하는 데 자의적인 배분과 상당한 정도의 판단이 개입될 수 있다.

06

정답 ④

• 20X1년 진행률 : $\frac{50,000}{200,000}=25\%$

• 20X2년 누적진행률 : $\frac{130,000}{200,000}=65\%$

• 20X2년 인식 계약이익 : $(300,000-200,000)\times(65\%-25\%)=40,000$

07

정답 ③

- 우선주 A 당기분 : $200,000 \times 10\% = 20,000$
- 우선주 B 미지급분 : $400,000 \times 5\% = 20,000$
- 우선주 B, 보통주 참가분 : $60,000 \times \frac{4}{8} = 30,000$

	우선주 A	우선주 B	보통주
미지급분		20,000	
당기분	20,000		
참가분		30,000	30,000
합계	20,000	50,000	30,000

08

정답 ④

- 20X1년 말 채무상품 A의 장부가액 : $950,000 + \{(950,000 \times 10\%) - 80,000\} = 965,000$
- 처분손익 : $490,000 - (965,000 \times 50\%) = 7,500$ 이익

09

정답 ②

- 자기주식 소각, 주식배당, 무상증자는 자본총계에 영향을 주지 않으므로 부채비율을 낮추지 못한다.
- 자기주식 처분 이전 부채비율 : $\frac{6,000,000}{3,000,000} = 200\%$
- 자기주식 처분 이후 부채비율 : $\frac{6,000,000}{3,750,000} = 160\%$
- 보통주 유상증자 후 부채비율 : $\frac{6,000,000}{3,500,000} =$ 약 170%

10

정답 ③

수익은 자본청구권 보유자로부터의 출자를 제외한다.

11

정답 ④

- 발행가액 : $95,200 - 2,000 = 93,200$
- 이자비용 총액 : $100,000 + \{(100,000 \times 10\% \times 3) - 93,200\} = 36,800$

12

정답 ⑤

- 당기법인세부채 : $9,000 \times 25\% = 2,250$
- 이연법인세부채 : $2,000 \times 20\% = 400$
- 법인세비용 : $2,250 + 400 = 2,650$

13

정답 ②

• 20X2년 말 대손충당금 : 1,000,000×1%=10,000

〈대손충당금〉

1/10 대손	5,000	기초	9,000
3/10 대손	2,000	6/10 대손회수	1,500
기말	10,000	대손상각비	6,500
	17,000		17,000

14

정답 ④

ㄱ. 현금배당 결의 : 자본 감소, 부채 증가

ㄴ. 임차료 지급 : 자산 감소, 비용 발생, 자본 감소

ㄷ. 화재 : 자산 감소, 비용 발생, 자본 감소

ㄹ. 기계장치 구입 : 자산 감소/증가, 부채 증가

15

정답 ③

• 20X1년 말 장부가액 : $100,000-\frac{100,000-10,000}{6}=85,000$

• 20X2년 초 장부가액 : 85,000+5,000=90,000

• 20X2년 말 장부가액 : $90,000-\frac{90,000-10,000}{5}=74,000$

• 20X3년 4월 1일 장부가액 : $74,000-\frac{90,000-10,000}{5}\times\frac{3}{12}=70,000$

• 기계장치처분손익 : 65,000−70,000=5,000 손실

16

정답 ①

150+200+300+900=1,550

17

정답 ③

• 직접재료비 : 15,000+50,000−10,000=55,000

• 당기총제조원가 : 55,000+25,000+40,000=120,000

• 당기제품제조원가 : 30,000+120,000−21,000=129,000

18

정답 ②

• 단위당 고정제조원가 : $\frac{1,000,000}{25,000}=40$

• 기말재고자산 차이 : 5,000×40=200,000

19

정답 ②

(매출액×20%)−10,000=4,000 → 매출액=70,000

20

정답 ⑤

• 완성품환산량 단위원가

재료 A : $\frac{512,000}{1,600}=320$

재료 B : $\frac{259,000}{1,400}=185$

가공원가 환산량 : $(400\times80\%)+1,000+(600\times50\%)=1,620$

가공원가 : $\frac{340,200}{1,620}=210$

• 당기 완성품원가 : $(120,000+42,300)+(1,000\times715)+(400\times185)+(320\times210)=1,018,500$

공기업 회계학

제16회 최종모의고사 정답 및 해설

01	02	03	04	05	06	07	08	09	10	11	12	13	14	15	16	17	18	19	20
④	④	②	④	④	③	③	①	③	③	②	②	③	②	③	③	①	④	①	②

01

정답 ④

충당부채는 재무제표 본문에, 우발부채는 주석으로 공시한다.

02

정답 ④

- 2월 1일 평균단가 : $\frac{(150\times 10)+(150\times 12)}{300}=11$
- 3월 1일 매출원가 : $100\times 11=1,100$
- 6월 1일 평균단가 : $\frac{(200\times 11)+(200\times 15)}{400}=13$
- 9월 1일 매출원가 : $300\times 13=3,900$
- 매출원가 : $1,100+3,900=5,000$

03

정답 ②

계약서에 날인하였거나 근로계약서를 작성하였다고 하여 회계상에 어떠한 변화가 생기는 것이 아니다.

04

정답 ④

- 사용 중 기계장치 장부가액 : $41,000-23,000=18,000$
- 신형 기계장치 취득원가 : $21,000+4,000=25,000$
- 처분손익 : $21,000-18,000=3,000$ 이익

05

정답 ④

당기손익과 기타포괄손익을 표시하는 보고서나 주석에 특별손익 항목을 별도로 표시할 수 없다.

06

정답 ③

- 20X2년 말 장부가액 : $1,550-(1,550-50)\times\frac{9}{15}=650$
- 20X3년 감가상각비 : $\frac{650-50}{5}=120$
- 20X3년 말 감가상각누계액 : $(1,550-50)\times\frac{9}{15}+120=1,020$

07

정답 ③

- 20X1년 기초자본 : $5,000-2,500=2,500$
- 20X1년 기말자본 : $7,000-3,400=3,600$
- $3,600=2,500+300-200+80+$당기순이익 → 당기순이익$=920$

08

정답 ①

거래원가가 없는 경우 기타포괄손익－공정가치측정금융자산의 처분손익은 0이다.

09

정답 ③

- 유동자산 : $2,000,000-1,000,000=1,000,000$ 증가
- 유동부채 : 1,000,000 증가
- 당좌자산 : 1,000,000 감소
- 유동비율이 100%를 넘는 상황에서 분모와 분자가 모두 동일하게 증가하므로 유동비율은 감소한다.
- 유동부채가 증가하고, 당좌자산이 감소하므로 당좌비율은 감소한다.

10

정답 ③

비교 가능성, 검증 가능성, 적시성 및 이해 가능성은 목적적합하고 충실하게 표현된 정보의 유용성을 보강해 주는 질적 특성이다.

11

정답 ②

- 20X1년 말 사채할인발행차금 상각액 : $11,400-(100,000\times10\%)=1,400$
- 20X1년 말 사채 장부가액 : $95,200+1,400=96,600$

12

정답 ②

$$\left(12,000\times\frac{12}{12}\right)+\left(3,000\times\frac{10}{12}\right)-\left(3,000\times\frac{6}{12}\right)+\left(6,000\times\frac{4}{12}\right)=15,000$$

13

정답 ③

- 발생기준 : $\left(100,000\times4\%\times\frac{6}{12}\right)-1,000+(1,000\times2)=3,000$ 증가
- 현금기준 : 6,000 증가

14

정답 ②

12,200－500－300＝11,400

15

정답 ③

교환으로 취득한 기계장치 Y의 취득원가

- 상업적 실질이 있는 경우(A) : 700,000＝100,000＋A → A＝600,000
- 상업적 실질이 없는 경우(B) : 400,000＝100,000＋B → B＝300,000

16

정답 ③

- 매입액 : 5,030,000＋620,000－700,000＝4,950,000
- 평균매입채무 : $\frac{700,000+620,000}{2}=660,000$
- 매입채무회전율 : $\frac{4,950,000}{660,000}=7.5$

17

정답 ①

- 70,000＝25,000＋직접재료 구입액－15,000 → 직접재료 구입액＝60,000
- 매출원가 : (25,000＋60,000＋30,000＋230,000＋40,000)－(15,000＋20,000＋25,000)＝325,000

18

정답 ④

- 실제 제조간접비 발생액 : 233,000
- 제조간접비 예정배부율 : $\frac{250,000}{200,000}=1.25$
- 제조간접비 예정배부액 : 180,000×1.25＝225,000
- 제조간접비 차이 : 225,000－233,000＝－8,000(과소배부)

19

정답 ①

- 세전이익 : $\frac{12,000}{1-40\%}=20,000$
- 세전이익＝1,000×(단위당 판매가격－40)－30,000＝20,000 → 단위당 판매가격＝90

20

정답 ②

- 당기완성품 수량 : 20,000＋15,000－25,000＝10,000

〈재공품〉

기초재공	1,000(70%)	당기완성	10,000
당기착수	14,000	기말재공	5,000(50%)
	15,000		15,000

- 완성품환산량 : 10,000＋(5,000×50%)＝12,500

제17회 최종모의고사 정답 및 해설

01	02	03	04	05	06	07	08	09	10	11	12	13	14	15	16	17	18	19	20
④	⑤	②	②	④	①	①	②	①	①	②	③	④	③	③	⑤	③	③	①	②

01

정답 ④

유형자산 감가상각 방법의 변경은 회계추정의 변경이다.

02

정답 ⑤

- 매출액 : 2,000,000×2=4,000,000
- 매출원가 : 4,000,000×(1−20%)=3,200,000
- 기말재고 : 400,000+3,700,000−3,200,000=900,000

03

정답 ②

〈시산표(수정사항)〉

선급임차료	(200,000)	감가상각누계액	450,000
임차료	200,000	미지급급여	250,000
감가상각비	450,000	당기손익인식금융자산평가이익	150,000
급여	250,000		
당기손익인식금융자산	150,000		
	850,000		850,000

차변합계 : 3,000,000+850,000=3,850,000

04

정답 ②

- 20X1년 회수가능액 : Max[1,200, 1,800]=1,800
- 20X1년 손상차손 : 3,500−1,800=1,700

05

정답 ④

특별손익 항목은 포괄손익계산서나 주석에 별도로 표시할 수 없다.

06

정답 ①

- 기말 이연법인세부채 : 10,000×30%=3,000
- 이연법인세부채 변화분 : 3,000−2,000=1,000 증가
- 법인세비용 : 7,000+1,000=8,000
- 당기순이익 : 30,000−8,000=22,000

07

정답 ①

{(10,000−5,000)×1,000}−1,000,000−1,500,000=2,500,000

08

정답 ②

- 20X1년 말 상각후원가 : 460,000+(460,000×10%)−(500,000×8%)=466,000
- 20X1년 평가손익 : 520,000−466,000=54,000 이익
- 20X2년 처분손익 : 290,000−(466,000×50%)=57,000 이익

09

정답 ①

- 주가이익비율 : $\frac{25,000}{10,000}=250\%$
- 배당수익률 : $\frac{5,000}{25,000}=20\%$
- 당좌비율 : $\frac{2,000,000-500,000}{1,500,000}=100\%$
- 매출액순이익률 : $\frac{2,500,000}{50,000,000}=5\%$
- 배당성향 : $\frac{5,000}{10,000}=50\%$

10

정답 ①

역사적 원가는 자산의 손상이나 손실부담에 따른 부채와 관련되는 변동을 제외하고는 가치의 변동을 반영하지 않는다.

11

정답 ②

- 20X1년 말 장부가액 : 9,503+{(9,503×10%)−(10,000×8%)}≒9,653
- 사채상환손익 : 9,800−9,653=147 손실

12

정답 ③

- 투자차액 : 300,000×40%=120,000
- 투자차액 제거액 : $\frac{120,000}{6}\times2=40,000$
- 관계기업투자주식 : 800,000+(100,000×40%)+(200,000×40%)−40,000=880,000

13
정답 ④

{(2,200－2,100)×4}＋{(1,700－2,100)×6}＝2,000 손실

14
정답 ③

〈매출채권, 대손충당금〉

기초 순매출채권	90,000	현금회수액	700,000
당기외상대출액	1,000,000	대손상각비	80,000
매출에누리	(20,000)	기말 순매출채권	290,000
	1,070,000		1,070,000

15
정답 ③

- 자산재평가이익 : 1,000,000－900,000＝100,000
- 재평가잉여금 : 1,050,000－1,000,000＝50,000

16
정답 ⑤

- 단가 : $\frac{2,000+4,000}{20+40}=100$
- 기말재고 : 20＋20＋40－30＝50
- 정상감도손실 : 정상감모수량×100＝1,000
- 정상감도수량 : 10
- 실지재고 : 50－10＝40
- 기말재고액 : 80×40＝3,200
- 당기비용 : 4,000＋2,000＋4,000－3,200＝6,800

17
정답 ③

- 공헌이익률$=\frac{600,000}{1,500,000}=0.4$
- 매출액 $\frac{1,500,000}{0.6}=2,500,000$
- 영업이익 : (2,500,000×40%)－600,000＝400,000

18
정답 ③

- 매출원가 : $\frac{60,000}{1.2}=50,000$
- 직접재료원가 : 2,000＋15,000－7,000＝10,000
- 가공원가 : (50,000＋5,000＋10,000)－(8,000＋7,000＋10,000)＝40,000
- 직접노무원가 : 40,000×60%＝24,000
- 기초원가 : 10,000＋24,000＝34,000

19

정답 ①

- AQ×AP : 364,800
- 총차이 : −9,600+14,800=5,200 유리
- SQ×SP : 364,800+5,200=370,000
- SQ×SP=1,000×표준임률=370,000 → 표준임률=370

20

정답 ②

- 완성품환산량

  직접재료원가 : 22,000+(8,000×100%)=30,000

  가공원가 : (10,000×60%)+22,000+(8,000×50%)=32,000
- 완성품환산량 단위당 원가

  직접재료원가 : $\frac{450,000}{30,000}=15$

  가공원가 : $\frac{576,000}{32,000}=18$
- 기말재공품원가

  (8,000×15)+(4,000×18)=192,000

공기업 회계학

제18회 최종모의고사 정답 및 해설

01	02	03	04	05	06	07	08	09	10	11	12	13	14	15	16	17	18	19	20
①	⑤	①	④	①	①	③	④	④	②	③	①	③	①	④	②	①	④	⑤	⑤

01

정답 ①

- 건물 취득원가 : 2,000,000+100,000+1,000,000=3,100,000
- 당기손익 : 4,000,000−3,100,000=900,000 이익

02

정답 ⑤

기말재고 Min[200, 240]×2,500=500,000

〈재고자산〉

기초	700,000	매출원가	6,200,000
매입	6,000,000	기말	500,000
	6,700,000		6,700,000

03

정답 ①

장래에 용역을 제공하기로 하고 대금을 미리 받은 경우, 결산기말까지 용역을 제공한 부분은 매출로 계상하고, 미제공한 부분은 부채로 계상한다.

04

정답 ④

- 20X1년 감가상각비 : $210,000 \times 45\% \times \frac{8}{12} = 63,000$
- 20X2년 감가상각비 : (210,000−63,000)×45%=66,150
- 20X2년 말 감가상각누계액 : 63,000+66,150=129,150

05

정답 ①

기업이 재무상태표에 유동자산과 비유동자산, 그리고 유동부채와 비유동부채로 구분하여 표시하는 경우, 이연법인세자산은 유동자산으로 분류하지 않는다.

06

정답 ①

기댓값으로 변동대가를 추정하는 경우 가능한 결과치가 두 가지뿐일 경우에 한해 가능성이 가장 높은 단일 금액으로 추정한다.

07

정답 ③

1,000,000＋500,000(주식발행초과금)＋100,000(감자차익)－100,000(자기주식)＋200,000＋500,000(이익잉여금)
＋2,000,000－1,000,000＝3,200,000

08

정답 ④

- B주식 평가손익 : 70,000－60,000＝10,000 이익(당기순이익, 이익잉여금 증가)
- A주식 평가손익 : 90,000－100,000＝10,000 손실(기타포괄손익 감소)
- 총포괄손익 : 10,000－10,000＝0

09

정답 ④

- (차) 현금 25,000 (대) 토지 30,000
  처분손실 5,000
  (차) 차입금 25,000 (대) 현금 25,000
- 부채비율 : $\frac{55,000}{15,000}$＝약 360%로 감소

10

정답 ②

중요성은 기업 특유 관점의 목적적합성을 의미하므로 회계기준위원회는 중요성에 대한 획일적인 계량 임계치를 정하거나 특정한 상황에서 무엇이 중요한 것인지를 미리 결정할 수 없다.

11

정답 ③

- 20X2~20X3년 사채할인발행차금 상각액(누적) : 500,000－482,600＝17,400
- 20X2~20X3년 액면이자 : 500,000×8%×2＝80,000
- 20X2~20X3년 이자비용 : 17,400＋80,000＝97,400

12

정답 ①

- 관계기업투자주식 : (1,000×10,000×30%)－(200,000×30%)＋(1,000,000×30%)＝3,240,000
- 지분법손익 : 1,000,000×30%＝300,000

13

정답 ③

- 기대신용손실 : (1,000,000×1%)＋(400,000×4%)＋(200,000×20%)＋(100,000×30%)＝96,000
- 손상차손 : 96,000－20,000＝76,000

14

정답 ①

- 정률법(M회사) : $100,000 \times 0.4 + \{(100,000 - 40,000) \times 0.4\} = 64,000$
- 연수합계법(N회사) : $(100,000 - 10,000) \times \frac{4+3}{1+2+3+4} = 63,000$

15

정답 ④

- 주식분할 : 자본총액 불변, 자본금 불변
- 유상증자 : 자본총액 증가, 자본금 증가
- 주식배당 : 자본총액 불변, 자본금 증가
- 무상증자 : 자본총액 불변, 자본금 증가

16

정답 ②

	20X1	20X2
회계변경 효과	50,000	(50,000)
		30,000
손익 영향	50,000	(20,000)

17

정답 ①

- 당기총제조원가 : $(130,000 + 20,000) - 25,000 = 125,000$
- 당기총제조원가 = 직접재료원가 + 75,000 = 125,000 → 직접재료원가 = 50,000
- 기본원가 = 50,000 + 직접노무원가 = 85,000 → 직접노무원가 = 35,000
- 직접재료 매입액 : $13,000 + 50,000 - 18,000 = 45,000$

18

정답 ④

〈재공품, 제품〉

기초재공	0	매출원가	900,000
기초제품	0	기말재공	0
당기총제조원가	900,000	기말제품	0
	900,000		900,000

변동매출원가 이외의 자료가 없으므로 매출원가 = 변동매출원가 = 당기총제조원가 = 변동제조원가발생액이다.

19

정답 ⑤

- 세후 순이익 = 세전이익 × (1 − 20%) = 120,000 → 세전이익 = 150,000
- 단위당 공헌이익 : $\frac{200,000}{200} = 1,000$
- 세전이익 = (1,000 × 판매수량) − 150,000 = 150,000 → 판매수량 = 300

20

정답 ⑤

108,000 − 87,000 = 70,000 × 완성도 → 완성도 = 30%

공기업 회계학

제19회 최종모의고사 정답 및 해설

01	02	03	04	05	06	07	08	09	10	11	12	13	14	15	16	17	18	19	20
④	②	③	③	②	②	②	④	③	⑤	①	③	⑤	③	③	③	④	③	④	③

01

정답 ④

확정급여채무의 현재가치란 종업원이 당기와 과거 기간에 근무용역을 제공하여 생긴 채무를 결제하기 위해 필요한 예상 미래지급액의 현재가치를 의미한다.

02

정답 ②

(차) 보험료(비용의 증가) 400　　　　(대) 선급보험료(자산의 감소) 400

03

정답 ③

- 매출원가 : 3,600×6=21,600
- 매출총이익 : 40,000−21,600=18,400

04

정답 ③

- 20X1년 1월 1일 취득원가 : 5,000×1,800=9,000,000
- 20X1년 말 장부가액 : $9{,}000{,}000-\left(9{,}000{,}000\times\frac{1}{5}\right)=7{,}200{,}000$
- 20X1년 말 공정가치 : 6,000×1,500=9,000,000
- 20X1년 말 재평가잉여금 : 9,000,000−7,200,000=1,800,000

05

정답 ②

- 기계장치 감가상각비 : $20{,}000\times\frac{1}{5}=4{,}000$
- 당기순이익 : 46,000−10,000+5,000−3,000+20,000−4,000=54,000

06

정답 ②

매출원가, 물류원가, 관리활동원가 등으로 구분하여 표시하는 것은 기능별 분류 방법이다.

07

정답 ②

	우선주	보통주
미지급분	1,000,0000	
당기분(우선주)	500,000	
당기분(보통주)		1,000,000
합계	1,500,000	1,000,000

08

정답 ④

- 현재가치할인차금상각 : $(4,800,000 \times 10\%) - (5,000,000 \times 8\%) = 80,000$
- 상각 후 취득원가 : $4,800,000 + 80,000 = 4,880,000$
- 처분손익 : $5,200,000 - 4,880,000 = 320,000$ 이익

09

정답 ③

- 20X1년 재고자산회전율 : $\frac{7,500}{1,500} = 5$
- 20X1년 초 유동비율 : $\frac{3,500}{1,000} = 350\%$
- 20X1년 말 유동비율 : $\frac{3,000}{1,500} = 200\%$
- 20X1년 초 당좌비율 : $\frac{3,500 - 1,000}{1,000} = 250\%$
- 20X1년 말 당좌비율 : $\frac{3,000 - 2,000}{1,500} =$ 약 67%
- 20X1년 매출총이익률 : $\frac{2,500}{10,000} = 25\%$

10

정답 ⑤

경제적 효익의 유입 가능성이 낮더라도 경제적 자원의 정의를 충족하면 자산으로 인식한다.

11

정답 ①

- 20X1년 말 이자비용 : $925,390 \times 10\% = 92,539$
- 20X1년 장부가액 증가분 : $947,929 - 925,390 = 22,539$
- $92,539 - (1,000,000 \times$ 표시이자율$) = 22,539$ → 표시이자율 $= 7\%$

12

정답 ③

$$\frac{4,000,000 - (5,000 \times 3,000 \times 4\%)}{10,000} = 340$$

13

정답 ⑤

주식분할을 할 경우 주식수가 늘어나는 반면, 액면가액이 감소하여 자본금 총계는 불변이다.

14

정답 ③

〈매출채권〉

기초	50,000	기중회수	60,000
		대손확정	30,000
당기외상매출액	80,000	기말	40,000
	130,000		130,000

15

정답 ③

- 20X1년 말 회수가능액 : Max[120,000, 100,000]=120,000
- 20X2년 7월 1일 감가상각비 : $\frac{120,000}{4} \times \frac{6}{12} = 15,000$
- 20X2년 7월 1일 장부가액 : 120,000−15,000=105,000
- 유형자산처분손익 : 90,000−105,000=15,000 손실

16

정답 ③

- 재고액 : 200,000−30,000=170,000
- 실지재고수량×1,000=170,000 → 실지재고수량=170

17

정답 ④

- 1월 말 재공품원가(A) : (A×80%)+2,000,000=1,940,000+A → A=300,000
- 직접노무원가 : 300,000×60%=180,000
- 직접재료원가(B) : B+180,000+(B×40%)=2,000,000 → B=1,300,000

18

정답 ③

- 단위당 변동원가 : $\frac{30,000}{200} = 150$
- 고정원가 : 30,000−(150×100)=15,000
- 총제품제조원가 : {500×(150×80%)}+(15,000×1.1)=76,500

19

정답 ④

$(5,000-3,000) \times$ 판매량 $= 500,000 + \frac{120,000}{1-40\%}$ → 판매량=350

20

정답 ③

- 완성품환산량 : (800×100%)+(200×50%)=900
- 완성품환산량 단위당 원가 : $\frac{3,000+42,000}{900} = 50$
- 기말재공품원가 : (200×50%)×50=5,000

공기업 회계학

제20회 최종모의고사 정답 및 해설

01	02	03	04	05	06	07	08	09	10	11	12	13	14	15	16	17	18	19	20
⑤	①	①	②	②	②	⑤	②	④	③	⑤	①	②	②	④	④	②	①	⑤	③

01

정답 ⑤

자가사용부동산이 아니라 투자부동산으로 분류한다.

02

정답 ①

110,000－10,000＋10,000＋5,000(하역료)－5,000(매입할인)－2,000＋500＝108,500

03

정답 ①

- 순매입액 : 20,000＋2,000－1,000－600－400＝20,000
- 매출원가 : 10,000＋20,000－12,000＝18,000
- 순매출액 : 27,000－1,800－1,200－500＝23,500
- 매출총이익 : 23,500－18,000＝5,500
- 영업이익 : 5,500－2,500－1,000＝2,000

04

정답 ②

재무제표의 표시통화를 천 단위나 백만 단위로 표시할 때 이해 가능성이 제고될 수 있다.

05

정답 ②

시험 과정에서 생산된 재화의 순매각금액과 재배치・재편성 과정에서 발생하는 원가는 모두 당기손익으로 처리한다.

06

정답 ②

거래가격은 고객에게 약속한 재화나 용역을 이전하고 그 대가로 기업이 받을 권리를 갖게 될 것으로 예상하는 금액이며, 제3자를 대신해서 회수한 금액은 제외된다.

07

정답 ⑤

- 기초자본 : 1,000－620＝380
- 기말자본 : 380＋500＋2,500－2,320＝1,060
- 기말자산 : 740＋1,060＝1,800

08

정답 ②

20X1년 12월 31일(100주) : 100×1,200＝120,000

20X2년 3월 1일(120주) : 주식수만 변동

20X2년 7월 1일(60주) : $81{,}000-1{,}000-\left(120{,}000\times\frac{60}{120}\right)=20{,}000$ 증가

09

정답 ④

- 유동자산 : 80,000×120%＝96,000
- 당좌자산 : 80,000×70%＝56,000
- 기말재고자산 : 96,000－56,000＝40,000
- 매출원가 : 25,000＋95,000－40,000＝80,000

10

정답 ③

동일한 경제 현상에 대해 대체적인 회계처리 방법을 허용하면 비교 가능성은 감소한다.

11

정답 ⑤

사채의 할인발행과 할증발행의 경우 모두 사채발행차금 상각액이 점차 증가한다.

12

정답 ①

- 진행률 : $\frac{35{,}000}{50{,}000}=70\%$
- 미성공사 : 60,000×70%＝42,000
- 미청구공사 : 42,000－(10,000＋30,000)＝2,000

13

정답 ②

- 당기손익측정 금융자산 처분 : 영업활동
- 기계장치 구입 : 투자활동
- 유상증자 : 재무활동
- 토지 처분 : 투자활동
- 사채 발행 : 재무활동
- 로열티수익 : 영업활동

14

정답 ②

10,000＋12,000＋16,000＋20,000＋5,000＋40,000＝103,000

15

정답 ④

건물 신축을 목적으로 건물이 있는 토지를 일괄취득한 경우, 구 건물의 철거비용은 토지의 취득원가에 가산한다.

16

정답 ④

매출액 : $\frac{7,500,000}{1-25\%}=10,000,000$

〈매출채권〉

기초	1,000,000	기초 매출채권회수	500,000
		당기매출회수	8,500,000
매출액	10,000,000	기말	2,000,000
	11,000,000		11,000,000

17

정답 ②

- 직접재료원가 : $50,000+170,000-30,000=190,000$
- 제조간접원가 : $30,000+20,000+(20,000\times50\%)=60,000$
- 직접노무원가=(직접노무원가$+60,000)\times40\%$ → 직접노무원가$=40,000$
- 기본원가 : $190,000+40,000=230,000$

18

정답 ①

- 수선부 → 제조부문 A : $10,000\times50\%=5,000$
- 수선부 → 전력부 : $10,000\times20\%=2,000$
- 전력부 → 제조부문 A : $(2,000+7,000)\times\frac{1,000}{1,500}=6,000$
- 제조부문 A 배부원가 : $5,000+6,000=11,000$

19

정답 ⑤

- 고정원가 : $1,200,000\times30\%=360,000$
- 공헌이익률$=\frac{\text{단위당 판매가}-4.2}{\text{단위당 판매가}}=30\%$ → 단위당 판매가$=6$
- 목표이익$=\{(6-4.2)\times300,000\}-(360,000+$추가고정비$)=30,000$ → 추가고정비$=150,000$

20

정답 ③

- 완성품환산량 단위당 원가$=\frac{240,000}{\text{완성품환산량}}=200$ → 완성품환산량$=1,200$
- 완성품환산량$=800+(800\times$완성도$)=1,200$ → 완성도$=50\%$

시대에듀 공기업 회계학 최종모의고사 20회분

개정2판1쇄 발행	2025년 11월 20일 (인쇄 2025년 10월 22일)
초 판 발 행	2023년 09월 20일 (인쇄 2023년 07월 21일)
발 행 인	박영일
책 임 편 집	이해욱
편 저	SDC(Sidae Data Center)
편 집 진 행	여연주 · 오세혁
표지디자인	하연주
편집디자인	양혜련 · 장성복
발 행 처	(주)시대고시기획
출 판 등 록	제 10-1521호
주 소	서울시 마포구 큰우물로 75 [도화동 538 성지 B/D] 9F
전 화	1600-3600
팩 스	02-701-8823
홈 페 이 지	www.sdedu.co.kr

I S B N	979-11-434-0254-7 (13320)
정 가	18,000원

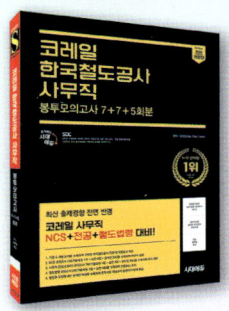

답안채점 • 성적분석 서비스

모바일 OMR

도서 내 모의고사 우측 상단에 위치한 QR코드 찍기 → 로그인 하기 → '시작하기' 클릭 → '응시하기' 클릭 → 나의 답안을 모바일 OMR 카드에 입력 → '성적분석&채점결과' 클릭 → 현재 내 실력 확인하기

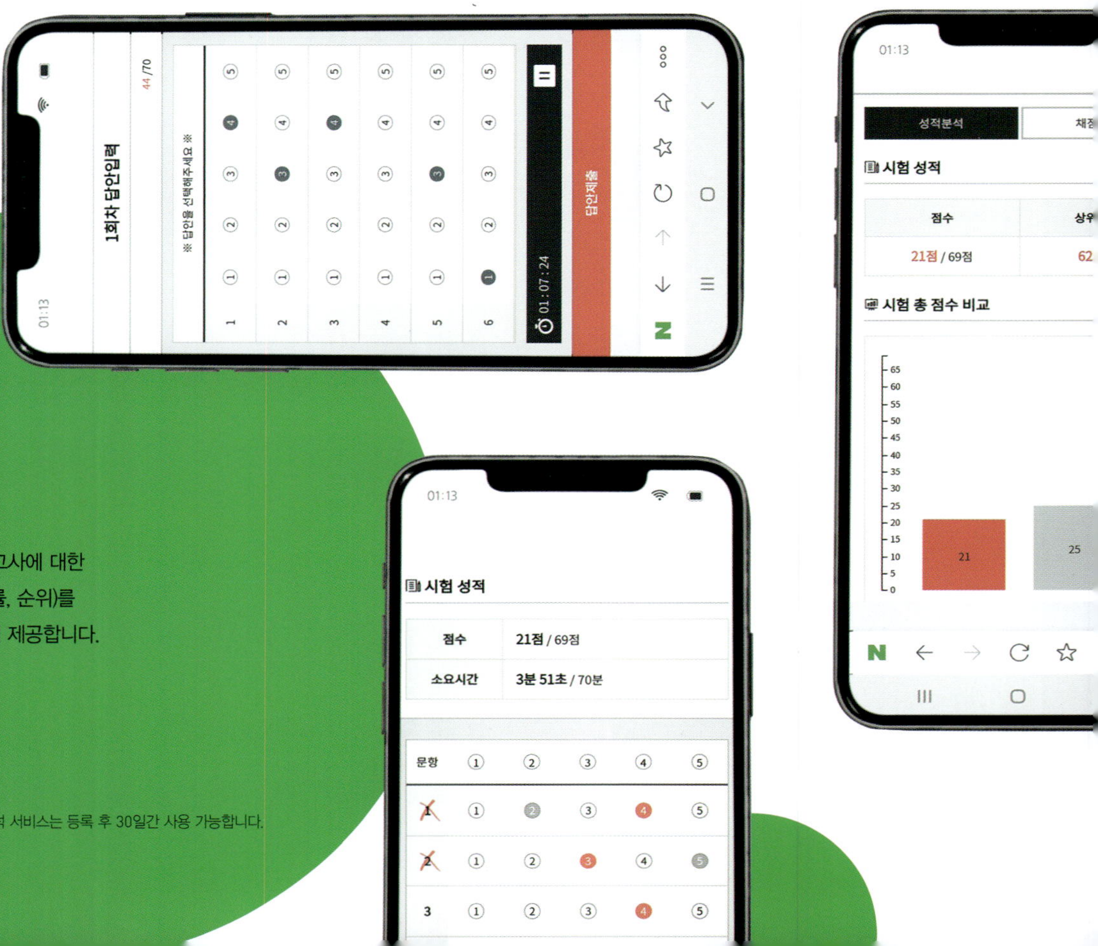

도서에 수록된 모의고사에 대한
객관적인 결과(정답률, 순위)를
종합적으로 분석하여 제공합니다.

※ OMR 답안채점/성적분석 서비스는 등록 후 30일간 사용 가능합니다.